中公文庫

小　説　読　本

三島由紀夫

中央公論新社

小説読本・目次

小説読本

作家を志す人々の為に

小説家はなりたくてなれるものではない。大抵後で考えれば自分で仕方なしになったという感じを持っている。新制高校の時は小説家や芸術家に漠然とあこがれるが、ただ美しい意味で考えられた作家芸術家という概念では本当の文学は生まれないという事が後でわかるだろう。トーマス・マンの度々くりかえしている芸術家の定義をよくよめば諸君には判る事だ。

なぜ自分が作家にならざるを得ないかをためしてみる最もよい方法は、作品以外のいろいろの実生活の分野で活動し、その結果どの活動分野でも自分がそこに合わないという事がはっきりしてから作家になっておそくはない。

一面からいえば、いかに実生活の分野でたたかれきたえられてもどうしてもよごれる事のできないある一つの宝物、それが作家の本能、つまり詩人の本能とよばれるものである。

始めからよごれる事の純潔さは本当の純潔さではない。そこで諸君がもし、作家になり芸術家になろうとするなら、私はむしろ諸君が実生活の方へ無理にでもすすめてゆく事が将来作家になるにも必要だと思う。

フランスの小説家フローベルはやはり法律を勉強した。大体外国の人には小説家や詩人でも法律、経済などを勉強しているものが非常に多い。そのフローベルが言うには「私は後になって考えて見ると、私がもっと真面目に学校時代法律を勉強するようなしっかりした頭脳をもっていたら、もっと私の文学に幸いしていたであろう」と。小説家はまず第一にしっかりした頭をつくる事が第一、みだれない正確な、そしていたずらに抽象的でない、はっきりした生活のうらづけのある事が必要である。何もかもむやみと悲しくて、センチメンタルにしか物事を見られないのは小説家としても脆弱《ぜいじゃく》である。

さて日本では作家が実生活の裏づけをもつという事は実際問題として仲々むずかしいものである。先ず外国の例では外交官兼詩人、且つ小説家としてのポール・クローデルがおり、ポール・モーランがおり、ジャン・ジロードーがおり、そのもっとも典型的な例として、ワイマール国の総理大臣ゲーテがそれである。

又近時イギリスでは貴族の身分をすてて炭坑夫になり、作者の名を名乗らずにまったく匿名で小説を発表し、非常に認められている新進作家もあるそうである。殊に現代フランス作家では何か実生活の経験を経ないで作家になった人の方がかえって少ないといってよい。それが日本では森鷗外以外ほとんどそういう作家を見ない。それは一つには日本の職業が個人生活の自由を尊重せず、個人生活全部をいろいろと職業的に束縛してしまうような組織をもっている事にもよるが、又一面、日本人の体力やエネルギーの不足という事もあろう。森鷗外の様に驚くべき少ない睡眠時間で、いそがしい軍務と、文学的生活とを両立させたような例は日本人の誰でものぞめるような事ではなく、私自身の経験によっても役所勤めをして、帰って来てから夜小説を書く事ははなはだしい体力の消耗であって、どちらの仕事にもマイナスになるような気がした。

こういう日本特有の制約のいろいろある中で、なお私が作家志望の方々に実生活の方へゆく事をおすすめするのは、その両立しえないような生活を両立させようとぎりぎりの所まで努力する事が、たとえそれが敗北に終ろうとも小説家としての意志の力を鍛える上に、又芸術と生活との困難な問題をぎりぎりまで味わうために決して無駄ではないと思うからである。

さて日本の作家生活というものは決してある人達が憧れているような楽しいものでも豊かなものでもない。そこでは小説家はマラソン選手のように体力を最高度にすりへらされ、休養も与えられず、又ゆっくり本を読んで勉強する時間も充分与えられず、芸術家にとって一番大事な「ボンヤリして何もしないでいい時間」というものはまるっきりなく、まるで意地のきたない子供が母親の留守に戸棚のすみずみまでお菓子を探しまわって歩くように自分の中から、汲みつくせる以上に沢山の小説をつくり出さねばならぬ。

作家は絶えざる消耗を強いられ、又日本独特の発表のシステムの弊害も手伝って、外国の作家の様に一作一作自分を育てきずきあげて行く事はむずかしい。

その中でいかにしていい作品がかけるかはむしろ単なる偶然に委《ゆだ》ねられている感がある。長い準備と綿密な調査との上にたてられた大建築のような小説が生まれにくいのもこのためである。もしこれから作家になろうという人は、こういうさまざまな制約をぐってそれと闘いながら自分の文学をそだてて行くというつらい困難な道を覚悟した人でなければならぬ。はやりの小説に便乗しようとか、誰それの作家の真似をしてやろうとか、まして、お金をもうけるためであるとか、そういう目的で文学を始める人は困ったものである。

作家にとっては或る世俗的な動機も立派な作品を生むもとになる事もあるが、根本の心がけは決して単なる世俗的なものであってはならぬ。

バルザックは毎日十八時間小説を書いた。本当は小説というものはそういうふうにしてかくものである。詩のようにぼんやりインスピレーションのくるのを待っているものではない。このコツコツとたゆみない努力の出来る事が小説家としての第一条件であり、この努力の必要な事に於ては芸術家も実業家も政治家もかわりないと思う。なまけものはどこに行っても駄目なのである。

ある画家から聞いた話だがフランスに行って絵描きが何を学んでくるかというと、毎朝必ずキャンバスの前にきちんと坐って仕事を始める習慣だそうである。この単なる習慣が日本に帰って来てから非常な進歩のもとになるという事は日本人のなまけもの気質と考え合わせて面白い事であると思う。

I

小説とは何か

一

テレビの発達につれて、ラヂオはずいぶん衰退した。FM放送やカー・ラヂオで息を吹き返しているという話もあるが、もっとも早いニュースをラヂオ一つにたよっていた時代に比べれば、その第一義的な有効性が失われたことは疑えず、また、戦前にオリンピックの前畑嬢の敢闘などを、水しぶきの音と共にきいて昂奮した時代を思えば、われわれがもはやこの種の活潑な想像力を伴った昂奮をラヂオから求めていないことは自明に思われる。

車を運転しながらの交通情報や、プロ野球の放送をきくなどの例を除けば、全般的に、ラヂオの与えるものは、人を激発させるよりも慰め安らげるためのものが多くなった。朗読や、何よりも音楽が重んじられ、テレビのように視覚を奪わないから、いわゆるムードをかもし出すのにより好適である。カー・ラヂオは現代の恋愛の不可欠な伴奏者の役割を占めている。それはあたかも十九世紀ヨーロッパで、レストランのテーブルの間をめぐり歩く楽師の役をチップ抜きで演じているのである。

ラヂオはテレビより、ムードの醸成には有利な点もあろうが、意味伝達においては隔段にまわり道である。視覚的なものはすべて想像力に委ねられているからであり、一挙手一投足の労を惜しむ現代では、想像力の支出はかなり億劫《おっくう》な労務支出なのである。

では、ラヂオが動的な機能よりも静的な慰安的機能により傾いてきた現代、ラヂオのもっとも熱心な聴取者は誰であろうか？　車の運転者は、いろんな点ではなはだその場かぎりの、不まじめな、不実な聴取者と考えられる理由が十分ある。連続物の内省的な朗読などに、しんみり、心の底から耳を傾けてくれている人は誰であろうか？目で見る他人の不幸の面白さに、あさましい好奇心をむき出しにするテレビの視聴者などとちがって、他人の内心の声のしたたりをしずかに自分の心に受けとめてくれる人は誰であろうか？

老人か？　とんでもない。老人はテレビにしがみついて、最新の情報と最新の流行に通暁している。もっともそれをただ否定するためにだけではあるが。

思うに、それは、テレビを持たぬ、あるいはテレビを見ることを禁じられている永患いの病人たちである。病人たちは時間をたっぷり持っており、愛憎は体にさわるので、いくぶん冷たくまた真摯《しんし》な、他人に対する関心はゆるされており、自分の内省は体によくないが、他人の内省に深入りするだけの精力はのこしている。そしてかれらは熱心にラヂオをきき、あるときは思い余って、投書をしたりするのである。

……私が今までただ永々と、ラヂオのことを語ってきた、と人は思うであろうか？

実は私が語ってきたのはラヂオのことではない。小説のことである。小説は現在なお大部数の出版に耐え、ラヂオほどの日蔭者になっていないように見えるけれど、本質的にはラヂオと同じ運命を荷《にな》っている。

元気な若い人たちにとっては、小説は、相手の要らない、或る手軽な想像力のクイズであるが、もちろんそういう点ではテレビのほうが数等上であって、小説はテレビよりも永い持続した興味と、ディテールと、テレビよりも高度に観念的な（それだけ高度に猥褻な）性的描写をなしうる点で、わずかにこれに対抗している。

しかし、真の享受者の数が限られているのは、その本質に根ざすもので、テレビは今まで小説に代償的娯楽を求めていた擬似享受者を奪ったにすぎない。

もともと小説の読者とは次のようなものであった。すなわち、人生経験が不十分で、しかも人生にガッツしている、小心臆病な、感受性過度、緊張過度の、分裂性気質の青年たち。性的抑圧を理想主義に求める青年たち。あるいは、現実派である限りにおいて夢想的であり、夢想はすべて他人の供給に俟《ま》っている婦人層。ヒステリカルで、肉体嫌悪症の、しかし甚だ性的に鋭敏な女性たち。何が何だかわからない、自分のことばかり考えている、そして本に書いてあることはみんな自分と関係があると思い込む、関係妄想の少女たち。人に手紙を書くときには、自分のことを二三頁書いてからでなくては用件に進まない自我狂の少女たち。何となく含み笑いを口もとに絶やさない性的不満の中年女たち。結核患者。軽度の狂人。それから夥《おびただ》しい変態性慾者。

……

……こんなことを言うと、人は、小説の読者を世にも不気味な集団のように想像するだろうが、実はそうではない。

右の人たちはみんな善良な市民であり、法律を遵守《じゅんしゅ》し、習俗を守っていると云ってまちがいはなく、それはそのまま、いわゆる「社会の縮図」であるにすぎない。社会とはもともとそのようなものであり、もし右に挙げたおそろしいリストの数十人の代表者が一堂に会するとすれば、それは実に遠慮ぶかいやさしい人たちの会合であることはまちがいがない。

かれらはあたかもテレビ討論会の人たちのように、朗らかに、幾分口ごもりながら、小説について語るであろう。かれらは見かけはいかにも平凡な、町のどこでも会う人たちであり、頭のよさそうな青年、美しい少女、好もしい主婦、実直な勤め人であるだろう。そして決してかれらは自分を小説につないだもっとも内的な動機については、何も語らないだろう。

実はかれらは、かれらを右のようなブラック・リストへひそかに組み入れた元凶が、かれらの愛する小説に他ならないことを知らないのだ。小説を世間へ発表し、読者を釣り上げる(何たる下品な表現!)ということは、右のようなリストに載らざるをえぬものを人々の中から誘発することであり、そのおかげで、読者の側からすれば、自分のもっとも内密な衝動の、公然たる代表者且つ安全な管理人を得るのである。或る小説がそこに存在するおかげで、どれだけ多くの人々が告白を免かれていることであろうか。それと同時に、小説というものが存在するおかげで、人々は自分の内の反社会性の領域へ幾分か押し出され、そこへ押し出された以上、もちろん無記名ではあるが、リスト・アップされる義務を負うことになる。社会秩序の隠密な再編成に同意することになるのである。

このような同意は本来ならば、きびしい倫理的決断である筈だが、小説の読者は、同意によって何ら倫理的責任を負わないですむという特典を持っている。その点は芝居の観客も同様だが、小説が芝居とちがう点は、もし単なる享受が人生における倫理的空白を容認することであれば、いくらでも長篇でありうる小説というジャンルは、芝居よりもずっと長時間にわたって、読者の人生を支配するので、（あらゆる時間芸術のうちで、長篇小説はいちばん人生経験によく似たものを与えるジャンルである）、人々は次第に、その倫理的空白に不安になって、ついに自分の人生に対するのと同じ倫理的関係を、小説に対して結ぶにいたることがないではない。すなわち読者は、与えられた特典を、自ら放棄するにいたるのである。

そのとき人々は、小説などというものがあるおかげで、それさえなければ無自覚に終った筈の人生の秘密に対して目をひらかされ、しかもその秘密の根を否応なしに自分の中に発見させせられ、無言の告白を強いられ、……それだけですめばまだしも、告白を通じていつのまにか社会の外側の荒野へ引きずり出され、自分が今も忠実を誓っている社会的法則と習俗からはみだしている自分の姿を直視させられ、決定的な「不安」を与えられる。一冊五百円ぐらいの金を払ったために、こんな目に会わされてよいものだろうか。かくて、これが、「あなたのおかげで私の人生をめちゃくちゃにされた。一体どうしてくれる」という意味の文面の、未知の読者から小説家へ送られる手紙の原因をなすのである。

問題を整理しよう。

第一に、不安を与えられること。

第二に、その結果、不安を克服するために倫理的関係を小説と結ぶこと。

この二つが、小説享受のもっとも根本的本質的な影響である。ここまで行けばしめたものだが、大半の小説はここまで行かずに、「体をたのしまれる」だけで終ってしまうという売女《ばいた》の運命にあることは云うまでもない。

さて、第一の影響はかなり健全な結果で、小説の芸術的責任は実はここまでだということが云えるであろう。何故なら、市場においては、人々は喜々として「不安」をさえ買うからである。

しかし第二の影響のほうは黙過しがたい。なぜならこのほうは、場合によってはもっとも厄介な読者を培うからであり、一方、このような傾向に陥りやすい読者の心を収攬《しゅうらん》するつもりで作られた、さまざまな似而非《えせ》芸術、すなわち「人生論的小説」「いかに生くべきか小説」という短絡現象を生み出すからである。

もっとも熱心でまじめな読者が、ついに小説作品と倫理的関係を結ぼうと熱望するにいたるのは自然であるが、又、そこまで読者をのめり込ませる小説にはたしかに傑作が多いのは事実であるが、小説の最終的責任はそこまでは及ばない。そこまでは及ばない、ということを、しかし作者は、作品のどこかに、こっそり保証しておかなければならない。これをかりに芸術上の制御装置と呼んでもいいし、言い古された言葉で芸術上の節度と呼んでもよい。その制御装置を持たぬ作品は、却《かえ》ってどこかで、作者自身の芸術家としての倫理的責任をごまかしたものであることが多いのである。そしてもし制御装置がしっかりしていれば、だまされた読者がわるいことになり、だましたほうにはちゃんと言訳が立つのである。

二

さて読者についてあれだけ歯に衣着せぬことを言ったからには、今度はその刃を、小説の作者自身へ向けなければならない。

ものごとをやるには、それぞれに適した才能を持っていなければならないのは自明の理で、曲りなりにも職業的作家としてやってゆける人間は、それだけの才能に恵まれていると云わねばならない。

では、航空技師にならず、株屋にならず、作曲家にならず、小説家になったという才能の特質は何であろうか。もちろん人生には幾多の偶然が働らくから、親の強いた教育のおかげで、文学的才能を持ちながら航空機工学の権威になったという人もあろうが、結果論で云えば、それは単に彼の文学的才能がすべての制約を打ち破って噴出するほどに強力なものでもなければ、宿命的なものでもなかったということになる。私は今不用意に宿命的という言葉を使ったが、才能という考え方自体に宿命論があるのであるから、小説家になれなかった男は小説家の才能がなかったからにすぎない、と極言することさえできる。これが作家たちにこびりついて離れぬ天職の意識と職業的自負になっているのである。

では、小説家的才能というものは、将来もし小説に対する需要が皆無になり、誰一人小説にふりむく人がなくなった場合も、空しく小説の生産に精を出すであろうか。そこには何ら経済社会の需要供給の原則は働らいていないであろうか。本当のところ、小説という、歴史も浅ければ形式意欲も足りない芸術上の一ジャンルに、はじめから適合した人間が生れて、予定調和的に、その人間の才能の開花と読者の需要が見合うという考えは、不自然で変な考えなのである。それはあたかも、(私はわざと技術と芸術を混同して言っているのだが)、宇宙飛行士たるべき才能の人間が、十五世紀にもたくさん生れていたと主張するようなものである。こう考えただけで、職業的作家の持つ天職の意識が、いかに根拠の薄弱なものかがわかろう。

それよりもこう考えたほうが自然である。すなわち常凡な人間がここに生れて、先天的原因か後天的原因かわからぬが、何ものかが彼の全存在の軌道を或る方向へ一寸《ちょっと》曲げる。するとその曲った方向に、たまたま現代では小説というものがあって、そこへ彼の人生がすっぽりはまってしまった、という考え方である。彼は自ら意図しつつ、同時に自らの意図を裏切って、一つの快適な罠《わな》にはまったのである。その罠が現代ではたまたま小説と呼ばれるものだったのだ。

そのほんの少し曲げられた軌道こそ、小説家をして小説家たらしめるものであり、自分の人生をも含めた人生そのものを素材としたいという、危険で奇妙な選択のはじまりなのである。

たとえばこんな例を考えてみたらよかろう。昆虫学者が蝶を採集し、サーカスのために捕獲業者が猛獣を捕獲するように、人間を採集しようとしている異様な人間。人間でありながら人間を採集するというだけでも、すでに背徳的犯罪的な匂いがするが、それも現実につかまえるのではなくて、言葉という捕虫網で、相手の本質を盗み取ってしまう人間。しかもそれを、宗教家のように責任を以てやるのではなく、無責任きわまるやり口で、自分の不可解な目的のために勝手に使役しようとする人間。何の権利もたずにそんなことをする人間を、社会が容認しているのは、実はへんなことなのである。

地位も権力もないくせに、人間社会を或る観点から等分に取り扱い、あげくのはてはそれを自分の自我のうちに取り込んで、箸にも棒にもかからぬ出来損いのくせに、自分があたかも人間の公正な代表であるかのごとく振舞う人間。そういう人間がどうして出来上るかといえば、あるとき思いついて、誰にも見られない小さな薄汚ない一室で、紙の上に字を書き列《つら》ねだす時からはじまるのである。そしてそういうことは、大都会では、今この瞬間にも、怠け者の学生や失業者や、自分に性的魅力のないことをよく承知しているが、わけのわからぬ己惚《うぬぼ》れに責め立てられ、しかもひどく傷つきやすくて、ほんの些細《ささい》な自尊心の傷にも耐えられない神経症的な青年などの、粗末な机の上で、(何万という机の上で!)、今現にはじまっていることなのである。非常に傷つきやすい人間が、「客観性」へ逃避することのできる芸術ジャンルへ走るということほど、自然な現象があるだろうか。彼がちゃんとした肉体的自信を持ち、それ故に傷つけられることを怖れないなら、他人の「客観性」へ自ら身を委ねる俳優という職業だってあるのである。

告白と自己防衛とはいつも微妙に嚙み合っているから、告白型の小説家を、傷つきにくい人間だなどと思いあやまってはならない。彼はなるほど印度《インド》の行者のように、自ら唇や頰に針を突きとおしてみせるかもしれないが、それは他人に委《まか》せておいたら、致命傷を与えられかねないことを知っているから、他人の加害を巧く先取しているにすぎないのだ。とりもなおさず身の安全のために！

小説家になろうとし、又なった人間は、人生に対する一種の先取特権を確保したのであり、それは同時に、そのような特権の確保が、彼自身の人生にとって必要不可欠のものだったということを、裏から暗示している。すなわち、彼は、人生をこの種の「客観性」の武装なしには渡ることができないと、はじめに予感した人間なのだ。

客観性の保証とは何か？　それは言葉である。しかも、特殊な術語でもなく、尊貴な用語でもなく、主観的な叫びでもなく、象徴的な詩語でもなく、通俗的な中世ロマンス語から小説が発生したと云われているように、なるべく俗耳に入りやすい言葉を使うことによって、彼が確保する客観性はマジョリティーに近づき、……要するにそれは好んで読まれなければならない。しかも言葉は二重に安全である。なぜなら、それはいくら親しみ易くても、想像力を刺戟するところの抽象的媒体にすぎないからである。

小説は好んで読まれなければならない。おそらくこれが小説の第一条件である。作者の側の要求から考えても、読まれなければ作者自身の安全が保証されない。なぜなら、言葉という抽象的媒体を使って、人々の想像を刺戟し、はじめてそこにあるかないかわからぬながら靄《もや》のような世界が現出して、小説家を現実から隔てるからこそ、彼の目ざした「客観性」の要件も充たされ、彼の身の安全も保たれるのであるが、もし読まれなければ、一日十時間ずつ書きつづけても、彼は人生と密着していなければならないからだ。

しかし、世間一般では、小説家こそ人生と密着しているという迷信が、いかにひろく行われていることであろう。何よりもそれを怖れて小説家になった彼であるのに！私がいつもふしぎに思うのは、小説家がしたり気な回答者として、新聞雑誌の人生相談の欄に招かれることである。それはあたかも、オレンジ・ジュースしか呑んだことのない人間が、オレンジの樹の栽培について答えているようなものだ。

人生に対する好奇心などというものが、人生を一心不乱に生きている最中にめったに生れないものであることは、われわれの経験上の事実であり、しかもこの種の関《インテ》心《レスト》は人生との「関係」を暗示すると共に、人生における「関係」の忌避をも意味するのである。小説家は、自分の内部への関係と、外部への関係とを同一視する人種であって、一方を等閑視することを許さないから、従って人生に密着することができない。人生を生きるとは、いずれにしろ、一方に目をつぶることなのである。

ここまで言えば、小説家というものが、前に列挙したグロテスクな読者像と、それほど遠いものではないということが分明《ぶんみょう》になろう。名誉慾や野心は人並に持ち、しかも「読まれなければならない」という本質的な要求のために、あらゆる卑しい工夫も積む代りに、一字一句の枝葉末節にプライドを賭け、おそろしい自己満足と不安との間を往復し、きわめて嫉妬深く、生きる前にまず検証し、適度の狂気を内包し、しかし一方では呆れるほどお人好しで、欺《だま》されやすく、苦い哲学と甘い人生観をごちゃまぜに包懐し、……要するに、一種独特の臭気を持った、世にも附合いにくい人種なのである。小説家同士が顔を合わせると、お互いの観察の能力で、お互いのもっとも隠しておきたいものを見破ってしまうから、紳士的な会話というものが成立たない。

何のために書くか、と小説家はよく人に尋ねられる。鳥に向って何のために歌うかときき、花に向って何のために咲くかときくことは愚かだが、小説家に対しては、いつもこのような質問が用意されている。それというのも、小説は歌のように澄んではきこえず、花のように美しくは見えないからで、いつもそこに何か暗い「目的」を含んでいるように疑われるからである。

三

さて、作者と読者に関するこのようなペシミスティックな観察、小説の本質のごとく見える「客観性」に関する陰気な疑問は、書きつづければきりがないが、ひとまずここで、私が最近読んだ小説のうち、これこそ疑いようのない傑作だと思われた二作品について、やや具体的に詳述してみることにしたい。

その一つは稲垣足穂《たるほ》氏の最新作「山《さ》ン本《もと》五郎《ごろう》左衛門《ざえもん》只今《ただいま》退散《たいさん》仕《つかまつ》る」（「南北」一九六八年八月号）であり、もう一つは、昭和元年以来四十三年ぶりで復刻された故国枝史郎氏の「神州纐纈城《しんしゅうこうけつじょう》」（桃源社刊）である。

稲垣氏の作品は今までごく少数の愛好者の間で、稀覯本《きこうぼん》をたよりに熱烈に論じられてきたものであったが、最近、再評価の機運が高まり、数多い研究も発表され、名作「弥勒《みろく》」も再刊されたことは喜びに堪えない。

「山ン本五郎左衛門只今退散仕る」が、「僕の怪奇映画」という、あらずもがなの傍題をつけているのは、氏の少年時代のパテエ・フィルムへのノスタルジアだが、そんな風に、わざと映画物語と銘打った作品が、実は現在もっとも欠けている醇乎たる文学作品だということは、時代に対するこの上もない皮肉である。

内容は、物怪《もののけ》が憑《つ》くといわれる古塚に触って、日夜化物の来襲を受けることになった勇敢な少年平太郎が、いかなる変幻果てなき化物の執拗な脅しにもめげず、ついに一ト月を耐えとおすのを見て、その健気《けなげ》さに感心した化物の統領山ン本五郎左衛門が姿を現わし、一挺の手槌《てづち》をのこして立ち去るまでの話であるが、その一ヶ月間に日記風に縷述《るじゅつ》された化物のヴァラエティーの豊富と、一種ユーモラスな淡々たる重層的描写の巧みさもさることながら、私がもっとも感心したのは、このような単調な魑魅《ちみ》魍魎《もうりょう》の出現のつみかさねののちに、最後の夜、

「待タレヨ。ソレへ参ラン」

という声と共にあらわれる尋常な裃《かみしも》姿の、しかし身の丈は鴨居を一尺も越す程の、はなはだ正体不明な、山ン本という存在の出現と退去のクライマックスである。

彼は狐狸でもなく、天狗でもなく、いわんや人間でもない。何ものともわからない。

源平合戦の時はじめて日本へ来たが、

「余ガ類《タグ》イ、日本ニテハ神野悪五郎ト云ウ者ヨリ外ニハ無シ。神野ハシンノ、ハ、ト発音致

ス」

と礼儀正しく説明する。しかし、これではもちろん何者だかさっぱりわからない。殊に神韻縹渺《しんいんひょうびょう》としか評しようのないその退去の場面は、異形《いぎょう》の供廻りを従えて、星空へ消えてゆくのが、ここまで読んできた読者の魂を、確実に天外へ拉《らっ》し去るのである。次のようなみごとな章句を読むがよい。

「コノ駕《カゴ》ニアノ大男ガ乗レルカト思ッテイタガ、山ン本氏ハ片足ヲ駕ニ掛ケタト思ウト、畳ミ込ム様ニ何ノ苦モナク内部ヘハイッテシマッタ。サテ先供ソノ他行列ハ行進ヲ開始シタガ、彼ラノ足ハ庭ニアリ乍《ナガ》ラ、右足ハ練塀上ニ懸ッテイル。宛《サナガ》ラ鳥羽絵《トバエ》ノ様ニ、細長クナルノモアリ、又、片身下シノ様ニ半分ニナッテ行クノモアッテ、色々サマザマ廻リ灯籠ノ影法師ノ様ニナッテ空ニ上リ、星影ノ中ニ暫《シバラ》クハ黒々ト見エテイタガ、雲ニ入ッタト見エタノガ風ノ吹ク様ナ音ト共ニ消エ失セテシマッタ」

神野悪五郎という存在はついに作中に姿を現わさないが、ここまで読むと、この山ン本と同じ存在が他にもいるということの容易ならぬ事態がひしひしと身に迫り、しかも同類の者が、この世にたった二人しかいないということが、いいしれぬ恐怖感をそそるのである。

この不気味さはどこから来るのだろうか。それが「不可知」で、かつ「礼儀正しい」というところから来るように思われる。というのもそれまであらわれる無数の妖怪《かい》は、悉《ことごと》く礼儀を弁《わきま》えぬ小者らしいからである。又、山ン本も神野《よう》も日本では仮りに日本名を名乗っているが、飛行自在の国際的存在であるらしく、魔界における高位の者、並々ならぬ権力者であるらしいのである。私には殊に、ついに姿を見せぬ神野が何ともいえず怖ろしい。

恐怖はこの作品の中であまり日常的に豊富に濫用されるので、すぐに麻痺してしまって、おしまいには可笑《おか》しくなってしまうのであるが、読者がもう大丈夫と安心しきったところであらわれる山ン本こそ、真の恐怖と神秘の根源を呈示し、森厳な「まじめな」怪奇の、威儀を正した姿を見せるのだ。

そしてそのさわやかな退去は、現世的な世界からの妖力魔力の二度とかえらぬ退去のうしろ姿を思わせて、いいしれぬ名残惜しさをさえ感じさせる。

「アノ心細サガ、今デハ何カ悲シイ澄ンダ気持ニ変ッテイル。秋ノセイダロウカ?」

と平太郎は述懐する。

「山ン本サン、気ガ向イタラ又オ出デ!」

ここまで来て、読者は主題の思いもかけぬ転換に驚かされるのである。平太郎にとって妖怪との常ならぬ生活と山ン本の来訪とは、実は彼の二度とかえらぬ少年期を象徴するものではなかったか。その短かい時期を選んで、魔は人間とのもっとも清澄な交会を成就し、平太郎は又、人間の常凡な社会生活の虚偽を前以て徹底的に学んでしまったのではなかったか。稲垣氏は、逆の教養小説を、妖怪教育による詩と可能性の無限の発見を企てたようにも思われるのである。これほど夥《おびただ》しい妖魔の跳梁《ちょうりょう》は、試煉ではなくて、教育であり、懲らしめではなくて、愛だったのではないか。この小説の後註に、氏はいかにも氏らしい抒情的な唐突さで、「一体、愛の経験は、あとではそれがなくては堪えられなくなるという欠点を持っている」と追記している。

ノンシャランでありながら礼節正しい稲垣氏の文体によって、われわれは主人公平太郎の豪毅な少年の魂の内部を通過した。この通過はいかにもリアルに、巧みに運ばれるので、破局にいたって、ともすると読んでいる私自身こそ山ン本ではないかと疑われて来る。何故なら、閉ざされた少年の精神世界を最後に破る者こそ、読者である私自身でなければならぬからである。

……もとより私は小説一般について語るのが本来であり、一作品の解説紹介に終始してはならなかった。

しかし敏感な人は、すでに私が小説の本質について語ってしまっているのに気づく筈だ。

稲垣氏はこの荒唐無稽な化物咄《ばなし》の中に、ちゃんとリアリズムも盛り込めば、告白も成就しているのみならず、読者をして、作中人物への感情移入から、一転して、主題に覚醒せしめ、しかも読者自らを、山ン本という、「物語の完成者であり破壊者であるところの不可知の存在」に化身せしめ、以て読者の魂を天外へ拉し去ることに成功しているのである。

これこそ正に小説の機能ではないだろうか。しかも稲垣氏は、決して観念的なあるいは詩的な文体をも用いず、何一つ解説もせず、思想も説かず、一見平板な、いかにも豪胆な少年の呑気《のんき》な観察を思わせる抒述のうちに、どことはなしに西洋風なハイカラ味を漂わせて、悠々と一篇の物語を語り終ってしまうのである。

悲しいことには、このような縹渺たる文学的効果は、現代もっとも理解されにくいものの一つになってしまった。人々はもっとアクチュアルな主題だの、時代の緊急な要求だの、現代に生きる人間の或る心もとなさだの、疎外感だの、家庭の崩壊だの、性の無力感だの、（ああ、ああ、もう全く耳にタコができた！）そういうものについてばかり、あるいは巧みに、あるいはわざと拙劣に、さまざまな文学的技巧を用いて書きつづけ、人々は又、小説とはそういうものだと思っている。自分の顔（実は自分がそうだろうと見当をつけている自分の顔）を、すぐさま小説の中に見つけ出さなくては、読むほうも書くほうも不安なのだ。これはかなり莫迦《ばか》げた状況ではなかろうか。「山ン本五郎左衛門只今退散仕る」は、決して寓話ではない。平太郎は単なる平太郎であり、化物は単なる化物である。それは別に深遠な当てこすりや高級な政治的寓喩とは関係がない。人は描かれたとおりのものをありのままに信じることができ、小説の中の物象を何の幻想もなしに物象と認めることができる。実はこれこそ言語芸術の、他に卓越した特徴なのであるが、小説は不幸なことに、この特徴を自ら忘れる方向へ向っている。

言語芸術においてこそ、われわれは、夢と現実、幻想と事実との、言語による完全な等質性に直面しうるのである。歴史小説や幻想小説は、いずれもこの特徴を別々の方向へ拡張したものであるが、歴史小説や幻想小説というレッテルでまず読者を警戒させることが賢明でないことはいうまでもない。音楽や美術では、音や色彩そのものがすでにわれわれのふだん用いる音や色彩とちがった法則性で整理されているから、夢と現実とは等質性を持ちえず、それと引き代えに、芸術としての独立性自律性と、象徴機能の醇化を獲得しているわけだ。「山ン本五郎左衛門只今退散仕る」に登場する化物どもは、かくて、無数の現代小説にあらわれる自動車や飛行機や、女たらしのコピー・ライターや、退屈した中年男や、小生意気な口をきく十代の少女たちと、全く等質同次元の存在であるが、化物のほうがより明確でリアルな存在に見えるとすれば、それだけ深く稲垣氏のほうが言葉というものを信じているからである。そしてもしこれが寓話であったら、読者はもはや化物を見ることはおろか信ずることもできず、言語芸術の本源的な信憑《しんぴょう》性は失われて、そこには物象乃至《ないし》人物と抽象観念との、邪魔な二重露出がいつも顔を出すことになるであろう。

ここで私は「山ン本……」の原典である「稲亭物怪録《とうていぶっかいろく》」と、稲垣氏の現代化とをいちいち照合してみようと思う。

四

「山ヶ本五郎左衛門只今退散仕る」の、前に引用した部分は、原文では左のようになっている。

「思やるに中〳〵常躰《つねてい》のかごに彼《かの》大男乗事はなるまじと見るうち、彼男片足よりかごに乗るに、其身たゝみ込むやうにて何の苦もなく乗ければ、先供其外行列を立て、左の足は庭に有ながら、右の足は土手の上にありて、さながら鳥羽絵の如く細長くなるもあり、又はかたみおろしのやうになりて行《ゆく》もあり、色々さま〴〵に見え廻り、灯籠の影などの如くにして、皆〳〵空に上り雲に入るよと見えて、星影ながらしばしはくろ〴〵と見えけるが、風の吹くやうの音して消失せぬ」

何のことはない、稲垣氏の名文は、単なる現代語訳で、それも人によっては、原文のほうがはるかに名文だという人もあるかもしれない。

しかし稲垣氏の換骨奪胎の才能を知るには、そこで速断を下してはならないのである。この神韻縹渺たるクライマックスを効果あらしめ、且つこれに西欧のロマンチック文学の味わいを加えるために、氏は十分計算して布石を打ち、独特のアンチ・クライマックスを書き加えて、素朴な怪異譚《たん》を哲学的な愛の物語に変え、みごとに自己薬籠中のものにしたことは前述のとおりである。

その布石とは、たとえば、原文では、出現に当って山ン本が、平太郎の詰問に答えて、すぐさま、

「成程汝《なんじ》が申如く人間にあらず、我は魔王の類なり」

と正体を明かしているのを、稲垣氏は、

「如何ニモ御身ノ云ウ如ク人間ニハ非ズ。サリトテ天狗ニモ非ズ。然《シカ》ラバ何者ナルカ？　コハ御身ノ推量ニ委《ユダ》ネン」

とことさら飜案して神秘を深め、読者の想像力を刺戟している如きをいうのであり、又、クライマックスの山ン本昇天の駕籠《かご》の供廻りも、原文では、「駕籠も常躰の駕籠、供廻りも常躰の人なり」とあるのを、稲垣氏が、「駕ナドハ普通ノ物ダガ、供廻リハミンナ異形デ」と改変している如きをいうのである。

しかしそれも末節の技巧だと、言う人は言うであろう。肝腎なのは、稲垣氏の掌中で、できるだけ原文の抒述に忠実に従いながら、一つの古い忘れられた怪異譚が、い

かなるものに形を変えられたかということなのである。そして一旦その物語の根本的な寓意が変えられると、物語のどんなディテールも、原文に忠実であればあるほど、完全にその意味その芸術的効果を一変してしまうということなのである。

＊

次に、国枝史郎氏（昭和十八年歿）の「神州纐纈城」について述べなければならない。

大正十四年（一九二五）に書かれて、最近復刻されたこの小説は、多くのドイツ・ロマンチックの作品がそうであったように、未完成のまま、作者の死後に遺されたが、もともとこの奔放な構想と作者の過剰な感性は、未完の宿命を内に含んでいた。一読して私は、当時大衆小説の一変種と見做《みな》されてまともな批評の対象にもならなかったこの作品の、文藻のゆたかさと、部分的ながら幻想美の高さと、その文章のみごとさと、今読んでも少しも古くならぬ現代性とにおどろいた。これは芸術的にも、谷崎潤一郎氏の中期の伝奇小説や怪奇小説を凌駕《りようが》するものであり、現在書かれている小説類と比べてみれば、その気稟《きひん》の高さは比較を絶している。事文学に関するかぎり、われわれは一九二五年よりも、ずっと低俗な時代に住んでいるのではなかろうか。

富士の本栖湖《もとすこ》の只中に水城《みずき》があって、いつも煙霧に包まれて見えないが、この城の秘密は地下の工場で、人血を絞って纐纈なる紅《こう》を製《つく》り、又、その城主が、奔馬性癩の重患にかかって、崩れる全身を白布で包んでいることである。望郷の想いにかられて城主が城を出奔し、甲府城下まで駈け戻ると、その指に触れたものは忽《たちま》ち感染し、これを介抱する者もたちどころに癩者となるのである。

作者には陰惨、怪奇、神秘、色彩の趣味が横溢《おういつ》していた。小説はまず、秘密への好奇の心をそそり立てねばならぬことを知悉《ちしつ》していた。

知りたい。何を？　何をかわからぬが、とにかく知りたい。……そういう気持を起させることが小説本来の機能であるとすれば、「神州纐纈城」は、それだけで、もっとも模範的な小説なのである。

謎解きが、かくて小説の重要な魅力であるなら、現代流行の推理小説にまさるものはないといえよう。しかし、作者によって巧妙にしつらえられた謎が一旦解明されると人々は再読の興味を失う。過程はすべて、謎解きという目的のための手段であったにすぎず、再読すれば、その手段としての機構が寒々とあらわになるからである。

そこで、小説が文学であるためには、二次的ながら、この過程を単に手段たらしめず、各細部がそれぞれ自己目的を以て充足しうるような、そういう細部で全体を充たし、再読しても、手段としての機構ではなく、自足した全体としての機構のみが露《あら》わにされるように作るべきであり、それを保障するものが文体というわけだ。しかし、趣味が異様に洗煉されると、目的それ自体が卑しいものと見做されがちになり、読者の低い好奇心が知りたいと望むものを、作者が軽侮の目で見るようになり、あげくのはては、作者自身の目的をできるだけ読者の目的（知りたいという謎解きの目的）から遠ざけようとするがあまり、ついには手段としての細部を目的化し、小説からその本来の目的を除去したくなってくる。

ここに小説におけるプロットの軽視がはじまる。なぜならプロットとは小説における必然性であるが、劇においては必然性が十分高尚なものになりうるのに、小説では、必然性が小説を卑しくすると考えられるようになるのである。因《ちな》みに、ストーリーとプロットの差について、E・M・フォースタアが、すこぶる簡潔な定義を挙げているが、フォースタアによれば、ストーリーとは、「王が亡くなられ、それから王妃が亡くなられた」という事実の列挙であり、プロットとは、「王が亡くなられ、それから王妃が悲しみのあまり亡くなられた」という、複数の事実の必然的連結だというのである。

それはさておき、読者はその「知りたい」という欲求を、プロットによって、「必然」に置き換えてもらいたいという欲求を抱くにいたる。何故、いかに、何を知りたいか、を読者はよく知らない。読者は、小説によってそれを教えてもらいたいと望むのだ。

伝奇小説の利点は、こうして謎が知られたのちも、なお謎が神秘の利点を失わないところに正に存するのだ。そして国枝史郎氏のような小説を読むときに、読者は、自分の知りたいという目的と、作者の知らせたいという目的とが、実はどこかで齟齬《そご》していて、作者も亦《また》、読者と同じように、何か不可知のものに魅惑されているのではないかと直感するであろう。この何か甘い、胸のときめくような不信感は、作品が未完であることによって倍加される。

読者は作品を読む前に、まず犬のように匂いを嗅ぐ。この嗅覚はおどろくべきものだ。小説に限らず、映画の興行の初日のメータアは、いつも神秘に充たされている。事前の宣伝も行き届かず、前売券も売り出さず、ストーリーも分明でないのに、封切映画の初日の朝窓口に並ぶ群衆は、何ごとかを前以て嗅ぎつけているのである。一方、いかに宣伝が行き届いていても、当らない映画は初日の朝にすでに当らなかったことがわかってしまう。客はとにかく映画館へ来ようとしないのである。

「神州纐纈城」は、忌わしいものが彼方《かなた》に待ち、しかもその忌わしさには超道徳的な美がまつわりついていて、作中人物は悉くそこへ向って惹《ひ》かれて動く、という物語の結構を、読まない先から予感させる。恐怖と戦慄と神秘を味わいたいという欲求は、実はこの世でもっとも無益な欲求だと云ってもよい。多くのお伽噺《とぎばなし》の挿話に見られるように、開かずの間《ま》に対する好奇心のおかげで、身を滅ぼす人は多いのである。とすると、人間にとっては、「命を賭けても知りたい」という知的探究心が真理を開顕することよりも、「知ることによって身を滅ぼしたい」という破滅の欲求自体のほうが、重要であり、好もしいことなのではなかろうか？　もし国枝氏の「神州纐纈城」が、すぐれたデカダンスの作であるとすれば、読者のこうした破滅の要求を必然化することになるのである。

ここまで来れば、この小説の目的が、謎解きにはなくて、恐怖自体を美と魅惑に変えることにあり、しかもそれを、幻想を信ずる作者の不可測な熱情の赴くままに、一種の神秘の精華ともいえる言語の美で、構築することにあるのは自明になろう。

「神州纐纈城」でもっとも忘れがたい場面のひとつ、若侍庄三郎が富士教団の私刑に遭い、富士胎内の水路を舟で流される場面は、優にエドガア・アラン・ポオの「アルンハイムの地所」や「ランダアの庭」に匹敵する。又、富士人穴にかくれ住む能面師月子が、行水をする場面は、泉鏡花の「高野聖《こうやひじり》」のあの裸婦の美しさよりも、さらに官能的な肉体描写を恣《ほしいまま》にする。

「一糸を纏《まと》わぬ彼女の裸体は、鴻《くくい》のように白かった。灯明の火が陰影《かげ》を付けた。紫立った陰影であった。彼女は一つの姿勢を執った。片膝を立て背を曲げた。立てた膝頭へ肘《ひじ》を突き、掌《てのひら》の上へ顎《あご》を乗せた。それを灯明が正方《まえ》から照らした。肘の外側が仄々《ほのぼの》と光った。薄瑙色《うすのういろ》の光であった。立てた膝頭から脛《はぎ》にかけ、足の甲まで仄々と光った。……」

五

さて、しばらく実作について説いたので、又しばらく原理的な問題に戻ることにしよう。

小説も戯曲も文学作品であることに変りはないけれども、大きなちがいは、小説が書かれた形で完全に完結しているのに引きかえて、戯曲は上演を予定し、他人の肉体や照明や舞台装置やさまざまなものの力を借りて、最終的に完結するということである。戯曲は、むしろ、楽譜に比較すべきものであって、作曲家の営為の記録された形である楽譜は、オーケストラと指揮者を予定し、劇作家の営為の記録された形である戯曲は、俳優と演出家を予定していると云えるのである。それでももちろん、モーツァルトも、イプセンも、それぞれ「完結した芸術家」であり、決して部品製造業者ではなく、それ自体が一つの世界である作品の作者なのである。

ところが小説はどうかというと、それは作者一人の手で何から何までしつらえられたものが、直《じか》に享受者の手に引渡されているわけで、むしろ小説は、絵画その他の造形美術にたとえられよう。強いて舞台芸術にたとえれば、小説というものは、舞台上の演出、演技、照明、音響効果、衣裳、靴、舞台装置、小道具、はては舞台監督、大道具方の仕事まで、作者一人で請負い、全責任を以て享受者に提供しているわけである。ただ小説の特徴は、生・自然・および人間（動物である場合もある）のすべての表現が、言語を通じてなされており、かつ、言語を以て完結している、ということである。この点では、随想等のノン・フィクションだってそうであるが、ノン・フィクションの場合は、形式上は言語表現を以てすべてが終っていても、内容上は言語以外のファクトに依拠しているところが多い、という点でことなる。この「ファクトに依拠している」という点で、歴史小説というのは、実に宙ぶらりんの矛盾した分野であるが、そういう例外はさておき、フィクションとしての小説は、

㈠言語表現による最終完結性を持ち、

㈡その作品内部のすべての事象はいかほどファクトと似ていても、ファクトと異なる次元に属するものである。

と定義づけることができるであろう。

すると又しても、モデル小説だの、私小説だの、という紛らわしい事例が出て来て、困ったことに、そういう紛らわしい分野では、芸術性の低いものほど、ファクトと異なる次元へ読者を連れてゆく努力を怠っているのであるが、その「別次元へ案内する努力」とは、とりもなおさず㈠の条件に関わってきて、㈠の条件を十分に充たしていないものは、㈡の条件も十分に充たさない、ということがいえるであろう。すなわち

言語表現の厳密性・自律性をよく弁《わきま》えていないと、㈡の条件も怪しくなるのである。従って、よい小説とは、㈠㈡の条件が、両々相俟《あいま》って充足されることを必要としているわけである。

この「言語表現による最終完結性」こそ、おそらく芸術としての小説の、もっとも本質的な要素といえよう。ところが小説は、実に自由でわがままなジャンルと考えられているだけに、この点の認識をなおざりにして書かれたものが実に多く、古い日本語の教養が崩れてゆくに従って、この認識自体が小説家の内部で日に日に衰えつつあるように思われる。

たとえば、物には名がある。名には、伝統と生活、文化の実質がこもっている。一例をあげよう。「舞良戸《まいらど》」という名の戸がある。横に多数のこまかい桟のある板戸のことである。こんな戸は今では古い邸や寺などに見られるだけで、近代和風建築にはめったに見られず、ましてマンションやアパートの生活ではお目にかかれない代物である。しかし小説はマンション生活ばかり扱うべきだという規則があるわけではなく、小説家自身の過去の喚起が、小さな事物をも重要な心象たらしめるから、現代小説にだって、舞良戸が登場することは免かれない。そういうとき小説家は、言語表現の最終完結性を信ずる以上、第一にその「名」を知らねばならない。名の指示が正確になされれば、小説家の責任はおわり、言語表現の最終完結性は保障されるからである。

尤《もっと》もなかには取越苦労の多い小説家がいて、読者への親切心から、「舞良戸という横桟の多い板戸」と、註釈つきで表現するかもしれない。しかしこんな親切心は、時には小説を不必要に冗漫ならしめ、表現の簡潔さを犠牲にしかねない。第一、この種の親切心にどこまで附合うべきか、当の小説家にだって、はっきりはわかっていない筈であって、「マンション」といえば誰にも「ははあ」とすぐわかり、即ち共有のイメージが直ちに浮び、「舞良戸」といえば、註釈なしでは誰にもわからない、と思い出したら、いちいち心配になるわけで、小説中に登場する物象の名にひとつひとつ註釈をつけなければならない。（故宇野浩二氏は、この種の被害妄想的註釈癖を、一種のユーモラスな芸にまで化してしまった作家であった。）すべては相対的な問題であり、現代語として誰にもわかる「カッコイイ」などという言葉が、十年後には誰にもわからなくなるであろうことは、歌舞伎十八番の「助六」の洒落《しゃれ》が、今日誰をも笑わせないのと同じである。伝統によって一定期間存続され且つそれに代る名称がないようなものについては、作家はその「名」を指示すれば、満足すべきなのであって、それが言語表現の最終的完結性というものを保障する一つの文化的確信であるべきである。極端なことをいえば、日本歴史を信ぜずして日本語を使うことなどできよう筈がない。私は明らかに、舞良戸は、ただ「舞良戸」と書くことを以て満足する小説家である。そして私は、読者に次のように要求する権利があると信ずる。すなわち、「もし私が『舞良戸』とだけ書いて、ただちにその何物なるかを知り、そのイメージを思い描くことのできる読者こそ、『私の読者』であり、あなたはこの小説のこの部分において、古い一枚の舞良戸がいかなる芸術的効果を発揮しているかを知り、かつ、それは必ず舞良戸であるべく、ガラス戸であってはならないという芸術的必然を直感することのできる幸福な読者である。しかし、『舞良戸』という名から、何らの概念を把握しえない読者は、躊躇《ちゅうちょ》なく字引を引いて、その何物なるかを知り、この言葉、この名をわがものにしてから、私の小説へかえってくるがよろしい。そうしなければ、あなたは私の小説の世界の『仮入場券』を手にしているにすぎず、いつまでたっても『本券』と引換えてあげるわけには行かないのだ」と要求する権利を。

しかしこのごろの新人、いや新人のみならず中堅に及ぶ作家の中にも、「舞良戸」

が出てきたと仮定した場合、次のような表現をとる事例に、私はしばしばぶつかるのである。

①「横桟のいっぱいついた、昔の古い家によくある戸」

②「横桟戸」

③「まいらど、というのか、横桟の沢山ついた戸」

このうち私が検事であれば、③にもっとも重い罪を課する筈であるが、それは追って説明するとして、①のように書く作家は、物を正確に見ており、過去の喚起力も持っているけれども、それだけを作家の素質と考えている怠け者であり、言語表現の最終完結性について、すなわち小説の本質について、ぞろっぺえな考えを持っているのである。彼は字引を引くこと自体を衒学《げんがく》的な行為と錯覚しているにちがいない。

②の作家は平気で造語をする。「横桟戸」などという、サンドウィッチの一種のような言葉は日本語にはない。彼は言葉の伝統性について敬虔さを欠いた考えの持主であり、あるいは忙しすぎて、表現の厳密性に注意を払わない作家である。一事が万事、こういう作家に限って、決してユニークな感覚的表現はできず、他の個所では、きっと、「彼女は悲しくなるほど美しい微笑をうかべて」など、使い古されたルーティン

な表現を平気で多用している筈である。彼はただ忙しいのである。
③の作家にいたっては論外である。なぜ論外かというと、こういう表現をするには、いくつかの心理的蓋然《がいぜん》性が考えられる。一つは、彼の頭に「舞良戸」という名が浮ぶには浮んだが、字引なり何なりで確かめる労を省いて、その労を省いたという心理的経過をそのまま売り物にして、「というのか」と、責任を他に転嫁しているのである。もう一つは、実は彼が「舞良戸」という名をちゃんと知っていながら、作者自身あるいは登場人物の呑気《のんき》な性格表現として、「というのか」を入れたほうが、表現が柔らかく親しみ易いものになると考えているのである。三つ目は、すべてが無意識な場合である。彼は表現の凝縮性も正確性も考えず、ただ、あいまいな心理状態を外界に投影して、外界自体をあいまいな「というのか」で充たしており、しかもすべてを無意識にやっているのである。
私はすべての中で、この③の第三番目の場合をもっとも悪質だと思う。③の第一番目は、文士気質を売り物にしているから悪く、第二番目は、わざとらしい無智の衒《てら》いを、作中人物の呑気さの性格表現に利用しようと考えている点で、キザな心掛けが悪く、第三番目は、言語表現の自律性についての無反省において、作家としての根本的

な過誤を犯しているからである。

私はこれらの例を、すべて「言語表現の最終完結性」についての小説家の覚悟のなさ、責任のなさという罪名に於て弾劾《だんがい》する。

何を些細《ささい》なことを、と言われるかもしれないが、一方、もし劇作家がト書の中で、「下手《しもて》に舞良戸」と指定すれば、職人はすぐ意を承《う》けて舞良戸を制作するに決ってお り、単なる技術的指定として使われた言語が、舞台ではちゃんとした物象として存在するにいたるのである。そして小説とは、そのような、ちゃんとした物象、役者が凭《よ》りかかったぐらいではグラつかない本物の物象を、言語で、ただ言語のみで創造してゆく芸術なのである。

六

……さて、私は最近きわめて佳《よ》い小説を読んだ。この読後感の鮮烈さは、ちょっと比類のないものに思われたから、何を措《お》いても、これについて書かねばならない。

それはジョルジュ・バタイユの「聖なる神」という作品集に収められている「マダム・エドワルダ」と「わが母」という二篇の小説である。今までバタイユの訳著は、その悪訳で読者を悩ませてきたのであるが、今度の生田耕作氏の飜訳は出色の出来栄えである。

現代西洋文学で、私のもっとも注目する作家は、他ならぬこのバタイユや、クロソウスキーやゴンブロヴィッチであるが、それというのも、これらの文学には、十九世紀を通り越して、十八世紀と二十世紀を直《じか》に結ぶような、形而上学と人間の肉体との、なまなましい、又、荒々しい無礼な直結が見られるからであり、反心理主義と、反リアリズムと、エロティックな抽象主義と、直截《ちょくせつ》な象徴技法と、その裏にひそむ宇宙観などの、多くの共通した特徴が見られるからである。

さてバタイユの「マダム・エドワルダ」は、神の顕現を証明した小説であるが、同時に猥褻をきわめた作品である。娼家「鏡楼《レ・グラース》」で、自ら神と名乗る娼婦マダム・エドワルダを買った「おれ」は、そのあと、裸体の上から黒いドミノを直に着て黒い仮面をつけてさまよい出るエドワルダのあとを尾行《つ》け、その発作を目撃し、これをたすけて共に乗ったタクシーの中で、運転手に馬乗りになって交接するエドワルダの姿に、真の神の顕現を見るという物語である。

次の「わが母」と併読すると、エドワルダには母のイメージが重複していることがわかり、聖母の聖性を犯す近親姦の瀆聖《とくせい》の幻があることが了解されるが、これらの作品では、聖母は姦淫の対象として受身に犯されるのではなく、自ら人を鞭韃《べんたつ》し、強制して、恐怖と戦慄と陶酔との相まじわる見神体験へと誘導するのである。

ここではバタイユ論を展開するのが目的ではなく、又、私がバタイユについて語りたい言葉は多すぎて、とても乏しい紙幅では果せない。

ただ明らかなことは、バタイユが、エロティシズム体験にひそむ聖性を、言語によっては到達不可能なものと知りつつ、(これは又、言語による再体験の不可能にも関わるが)、しかも言語によって表現していることとである。それは「神」という沈黙の言語化であり、小説家の最大の野望がそこにしかないのも確かなことである。そして小説に出現する神として、女が選ばれたのは、精神と肉体の女における根源的一致のためであり、女のもっとも高い徳性と考えられる母性も、もっとも汚れたものと考えられる娼婦性も、正に同じ肉体の場所から発しているという認識に依るのであろう。

神を売笑婦の代表と呼んだボオドレエルの言葉(「赤裸の心」)をここで思い出しても

よい。

バタイユを、こんな概念的な解釈で割り切ることはできない相談だが、この小説を読むには、(まして飜訳で！)、言語の壁を突破した場面だけしか描かれていない、という前提がまず必要なのである。

バタイユはその序文の中でこう言っている。

「万難を排して存在を絶ち切るべく、自己を超越するなにものか、すなわちわが意に反して自己を超越するなにものかが存在しなければ、私たちは、全力を傾けて指向し、同時にまた全力を傾けて排除する不合理な瞬間に到達することはない」

この「不合理な瞬間」とは、いうまでもなく、おぞましい神の出現の瞬間である。「けだし戦慄の充実と歓喜のそれとが一致するとき、私たちのうちの存在は、もはや過剰の形でしか残らぬからだ。(中略)過剰のすがた以外に、真理の意味が考えられようか？」

つまり、われわれの存在が、形を伴った過不足のないものでありつづけるとき(ギリシア的存在)、神は出現せず、われわれの存在が、現世からはみ出して、現世にはただ、広島の原爆投下のあと石段の上に印された人影のようなものとして残るとき、神が出現するというバタイユの考え方には、キリスト教の典型的な考え方がよくあらわれており、ただそれへの到達の方法として「エロティシズムと苦痛」を極度にまで利用したのがバタイユの独自性なのだ。

「マダム・エドワルダ」は、ごくふつうの、一般的な、好色の酔漢である「おれ」を紹介する簡潔な一節にはじまる。「便所の階段へこっそり降りていく二人の娼婦」を見かけたときから、肉慾と苦悩に襲われた「おれ」は、スタンド・バアのはしごをはじめて日が暮れるが、この冒頭の紹介は、わずか六行でおわる。

次の一節で、物語は急転直下する。酔漢は、「おれの胯間と夜の冷気とを結びつけたかった」あまりに、町なかでズボンを脱いで、「屹立《きつりつ》した器官を片手に握りしめる」のである。

何がはじまるのか？　突然、この世の掟は、「おれ」のズボンと共にずりおちてしまう。物語は怖ろしいスピードで、「おれ」を娼家鏡楼《レ・グラース》へつれてゆき、娼婦マダム・エドワルダに会わすのである。

彼女を人ごみの乱酔と性的挑発の中から、部屋へ伴って交接するまでの、めくるめく螺旋階段を駈け上るような抒述には、正にフランス的簡潔さが溢《あふ》れている。女は片足をあげ、両手で太腿の皮膚を引張って、彼女の「桃色の、毛むくじゃらの、いやらしい蛸《たこ》」を誇示した上で、自ら「神」と名乗るのであるが、これらすべての抒述は、簡潔さとスピードと密度によって上品なのである。上品とは、事文学に関しては、ピンと背筋を立てている、という姿勢の問題でしかない。(私はかつて、円地文子さんが、野坂昭如氏の「エロ事師たち」を、上品と一言で評した評語を、面白く思い出すのである。)そして猥雑の只中から身を起したマダム・エドワルダの「娼婦の部屋入り」の儀式は、その悲壮なまでの威厳と壮麗によって、ジャン・ジュネのあの汚穢《おわい》の、壮麗化の技法を想起させる。それは正《まさ》しく「戴冠の儀式」である。

さて、この短篇小説は、神の存在証明の怖ろしい簡潔な証言を意図したものであるが、全体の構造は、「いつ神が現われ、いつ神の存在が証明されるか」という、スリラーのようなサスペンスを織り込んでいる。そのための構成は、一幕物のように注意ぶかくしつらえられ、前段、「おれ」がマダム・エドワルダと会って、寝て、裸の上にドミノを羽織って突然外出するエドワルダを追うまでは、エドワルダ自身「神」を名乗りはするけれども、「おれ」は未だ見神の体験に達せず、神の存在証明は放置されている。

それが、「空虚な狂おしい星空」の下で、アーチの門下に立つ黒衣のエドワルダを「おれ」が見るとき、すでに性的釈放によって彼女から解放され、陶酔を免除された「おれ」は、エドワルダが、彼女自身名乗ったように「神」であったことを認識する。

しかし、それは実は、理神論的な神であり、肉慾から醒《さ》めた理智により悟性によって到達された、デカルト的な神であると云ってよかろう。これはいわば、この巧妙な小説家のトリックである。しかもこの中段の部分で、作者は、深夜の無人の大都会に、仮面をつけた黒衣の女を疾駆させ、前段とはガラリと変った、まるで巨大な伽藍《がらん》の内部へ読者を導くような、神秘な雰囲気を用意する。ここでエドワルダは、突然、発作を起して、身もだえと痙攣《けいれん》の白い裸身を、闇の白い裂け目のように、「おれ」と読者の前にさらすのである。

「おれ」は見ている。見るということの、虚無のなかで、砂時計の砂のように、自分の存在の実質を少しずつ対象へ移譲する時間を、「おれ」は、一種の冷たい焦躁を以てすごしている。彼女は自ら神と名乗り、又、「おれ」は神を認識した。もう神が「見えて」来なければならぬ。いつ、それは見えるのか。この絶望と苦悩と、その全的な肉体的表現であるエドワルダの白い裸体の痙攣を前にしながら、「おれ」は、存在の充足と存在の過剰との裂け目へ、もう少しで指を触れそうになりながら、まだ至らない。

しかし……

「おれの絶望のなかでなにものかが飛躍した」

「熱でかわいた陶酔が生まれつつあった」

再び「陶酔」が必要だったのだ！

かくて、「おれ」は、今までのほとんど数学的な記述から一つの錯乱へ陥ってゆき、言葉は脱落し、「おれの書く行為は無駄だ」というあがきにとらわれる。この、言語に関する不可能性、到達不可能のコメンタリーは、小説の単なる寄り道ではなく、これが、後段の、エロティックな見神体験の伏線をなしているのである。

後段のタクシーの場面にいたって、小説は真のクライマックスを迎える。タクシーの運転手との交接の場面は、人間存在のもっとも暗い深淵と同時に、そこに生ずる清澄な薄明の領域を垣間見させる十数行であって、バタイユは、このとき、小説家として、一瞬人の目をくらませるような、衝撃的な腕力を振うのだ。

もはや「神」という言葉はあからさまに使われない。「おれ」は自己放棄に達し、見ることすら放棄し、「おれの苦悩と発熱はものの数ではなかった」と告白する。しかし、又、それなればこそ、このとき神が出現し、「おれ」が神を見たことは確実になるのである。

「マダム・エドワルダ」は、いかにも異様な小説で、たとえばプロスペル・メリメの「マテオ・ファルコーネ」のような、古典的短篇小説のお手本から見ると、わがままな八方破れの作品のように思われるのだが、仔細に読むと、そこには厳格な古典的構成が隠されていて、息づまるような迫力の醸成は、こうした古典的骨格に拠《よ》っていることがわかるのである。

七

ジョルジュ・バタイユの「わが母」は、「マダム・エドワルダ」とは打って変ったフランス風の古典的心理小説の体裁をとった中篇である。実はこれは体裁だけにすぎないのであるが、「わが母」によってわれわれは、バタイユがこうした普通の小説家の古典的技法に熟達した作家であることを知り、その技法だけで十分やってゆけるにもかかわらず、敢《あえ》てその技法の依って立つ基盤の根柢をゆるがすような問題にしか興味を持たず、その結果極めて気むずかしい寡作家になった事情を知ることができる。

一九〇六年「僕」が十七歳のときに父が亡くなるが、いつも泥酔していて母を苦しめていた父を「僕」は憎み、反教権主義者だった父に反抗して、宗門に入ることさえ一時は考えた「僕」も、父の死後、崇拝する神聖な母と同居できる倖せによって、僧侶になることを諦める。

それまで少年の目にとって、母は酒と女と博打に身を持ち崩した暴虐な父親の、悲しい清らかな犠牲者であり、又、自分のことをいつも「美男の恋人」と呼んでくれる甘い美しい存在であり、少年は健気《けなげ》にも母の騎士でさえあろうとしていた。ここまではよくある物語であり、簡潔な発端は、修飾のきわめて節約された、しかも甘美を内にひそめたみごとな数節から成立っている。

愁いにみちた美しい母の、ひそかな飲酒癖については、父の生前から「僕」は気づいていたのであるが、父の死をきっかけに、母の像は一変する。意外にも母は、自分が父よりもさらに悪い存在であることを告白するのである。

「母の醜悪な微笑、錯乱した微笑は、不幸の微笑であった」

意外にも「僕」の人生は、大人たちの配慮によって「仕組まれ」ていた。

「後になって、母は僕に父の言葉をあかしてくれた。《みんなおれのせいにしてくれ》。それが父の念願だった。僕の眼には母が完璧な存在であることを、なんとしてでもその状態をつづけねばならぬことを、父は心得ていたのである」

真相は徐々に明らかになる。母は最後には毒を仰いで死ぬのであるが、その遺言ともいうべき言葉は次のようである。

「あたしは、死の中でまでお前に愛されたいと思います。あたしのほうは、いまこの瞬間、死の中でお前を愛しています。でもあたしがいまわしい女であることを知ったうえで、それを知りながら愛してくれるのでなければ、お前の愛は要りません」

倒錯と狂気の果てに、神聖な精神的母子相姦の場面で終るこの物語は、読者の享受に委《ゆだ》ねるほかはないが、この作品から、私が、近来の日本の小説でどうしても癒《い》やされなかった渇を、癒やすことができたのは事実だった。

母の真相が暴露されるにつれて、バタイユの筆も亦《また》、今までの穏和で節度正しい筆致を離れ、次々と鋭利なメスを突き出し、安定していたとみえた快適な居間の壁がただのボール紙の壁にすぎなかったことを立証すべく、無礼の限りを尽して、壁を切り裂いてゆくのである。

「お前の眼の中にあたしは軽蔑を読みとりたいのよ、軽蔑と、怖気《おじけ》を」

これが母の、母としての、又、女としての最終的な願望であった。人を堕落に誘うとは、真理に目ざめさせることであり、彼女はもはや究理者ではなくて、その信ずる真理の体現者でなければならず、要するに究極的に「神」でなければならないのである。これがバタイユの小説のおそらく根本的な構造である。ときどきバタイユのうちに、私は十八世紀理神論者の残滓《ざんし》を読みとるのだが、

「堕落するにつれて、わたしの理性はますます冴《さ》えわたります」

と「母」に言わせている。

人に、(しかも愛する息子に)、見神体験を得させようとする真摯《しんし》な愛とは何だろうか。しかも彼女は本質的にサフォーのともがらなのだ。

われわれが小説を読むとは、半ば官能的、半ば知的究理的な体験である。「どうなるか」という期待と不安、「なぜ」「どうして」「誰が」という疑問の解決への希望、こういう素朴な読者の欲求は、高級低級を問わず、小説を読む者の基本的欲求と考え

てよい。独乙《ドイツ》の教養小説《ビルドゥングス・ロマーン》は一人称に拠ること多く、一人称はもっとも読者にとって感情移入のしやすい人称であるから、これをとらえて、読者と主人公を同一化させ、その知的探究慾に愬《うった》えながら、永い年月にわたる教養形成の経過をわずか数日で味わせよう、というのが、教養小説の仕組である。

バタイユの小説はあたかもその逆であり、堕落の教養小説ともいうべきものだが、基本的構造はよく似ている。すなわち読者のナイーヴな究理慾、知的分析慾、自意識、抒情性、性慾などを「僕」が代表して、心ならずも、正にそれらの欲求の必然的結果として、もっとも見たくない真相に直面させられ、その嫌悪と戦慄を経過することによってのみ、はじめて見神体験を得るように仕組まれた小説である。

では「母」とは何か。母は、神に向ってわれわれをいざないゆく誘惑者であり、神自身ですらあるが、自分の体現する最高理性へ人を誘い寄せる通路が、官能の通路しかないことを知悉《ちしつ》しており、しかもこの官能は錯乱を伴っていなければならないのである。彼女の「愛」は残酷であり、自ら迷うことなく、相手を迷わせ、滅亡の淵に臨ませ、相手の官能的知的欲求のギリギリの発現をきびしく要求し、叱咤する。

「お前はまだあたしを知りません。あたしに到達することはできませんでした」

母の堕落の真相を知り、その中に巻き込まれて気息奄々《きそくえんえん》たる息子に答えて、母が言うこの言葉は、正しく神の言葉である。

しかし一面からいえば、神は怠けものであり、ベッドに身を横たえた駘蕩《たいとう》たる娼婦なのだ。働らかされ、努力させられ、打ちのめされるのは、いつも人間の役割である。小説はこの怖ろしい白昼の神の怠惰を、そのまま描き出すことはできない。小説は人間の側の惑乱を扱うことに宿命づけられたジャンルである。そして神の側からわずかに描くことができるのは、人間（息子）の愚かさに対する、愛と知的焦躁の入りまじった微かな絶望の断片のみであろう。神は熱帯の泥沼に居すわった河馬《かば》のようだ。

「お前の母親は泥沼の中でしか落着けないのよ」

人間の神の拒否、神の否定の必死の叫びが、実は「本心からではない」ことをバタイユは冷酷に指摘する。その「本心」こそ、バタイユのいわゆる「エロティシズム」の核心であり、ウィーンの俗悪な精神分析学者などの遠く及ばぬエロティシズムの深淵を、われわれに切り拓《ひら》いてみせてくれた人こそバタイユであった。

しかし前にも言うように、バタイユはこのエロティックな形而上学的小説に、小説として必要な精緻な「心理的手続」を織り込むことを、決してゆるがせにしていない。

死んだ父の書斎の仕事を清純な息子に委《まか》せ、わざわざ猥写真を発見するように仕向け、息子の嫌悪を予測し、

「共通の嫌悪が彼女を錯乱の境地にまで昂《たかぶ》らせるものを、なんらかのかたちで僕にも分け与えるまでは、どうしても彼女は落着けなかったのだ」

と説明するときの作者は、一人の心理小説家なのである。

そのあとではすぐ、怒濤《どとう》のようなやさしさ、共通のみじめさに溢れた愛、一種の残酷さを秘めた甘美なものが、蜜のようにひろがる。

そして母子相姦のデヌーマンを慎重に準備するに当って、作者はわざとその後の母の自殺の結末を洩らし、母の自殺が、ついに息子をベッドに誘うほかはなくなった事態に対する自責の念からであると共に、「僕は母に欲情を感じず、彼女も僕に欲情を感じてはいなかった」という絶望からであることを暗示する。ところで、これは単に心理学的分析であり、読者を納得させる手続である。心理小説としてはそれで十分なのであるが、作者の野心は単なる心理的破局を描くことではなかったから、わざとそのような心理的破局を前以て読者に洩らし、結末を知って安心した読者を、肉体的母子相姦よりもさらに怖ろしくさらに官能的でさらに「堕落」した、精神的知的母子相

姦のデヌーマン（見神体験としての）へ推し進めてゆく準備を整えるのだ。

母自身こう言っている。

「知性の快楽こそは、肉体の快楽よりも不潔で、いっそう純粋で、その刃がけっしてさびつかない唯一のものです。退廃はあたしの目には、そのまぶしさに命を奪われる、精神の黒い輝きのように思えます。堕落は万物の奥底に君臨する精神の癌です」

この言葉が、前に引用した「堕落するにつれて、わたしの理性はますます冴えわたります」という一行につづくのである。

サフォーのともがらである彼女にとって、「男」とは何であったか。

「男はけっして彼女の想いを占めることはなく、ただ灼《や》けつくような砂漠の中で、彼女の渇きをいやすためだけに介入し、その中で彼女は、不特定のよそよそしい存在の静かな美しさが、彼女もろとも汚濁にまみれて自滅することを願っていたのだろう。この淫蕩《いんとう》の王国に愛情のための土地があっただろうか。福音書の言葉が招き寄せるその王国から、優しい者たちは追放されるのだ。violenti rapiunt illud（猛《たけ》き者どもそを奪い去る）。彼女が君臨する激しさへ、母は僕を運命づけていたのだ」

小説「わが母」の最後の母の独白は、おそるべき最高度の緊張に充ちた独白であるが、全篇を読んだ人の感興にのみ真に深く訴えるこの独白を、私はわざと引用しないでおこう。

八

たまたまバタイユの「わが母」の、最後のすばらしい独白の小説的効果に触れたので、あたかも古典劇の幕切れのセリフのような、最高度の高みにまで昇りつめて一挙に観客を突き離すこのような効果が、きわめて演劇的効果に似ていることに言及せねばならぬが、それは独白というものの古典的性格にも依り、バタイユというフランスの小説家のフランス的性格にも依るので、いつも小説の最高の効果と演劇の最高の効果が共通しているわけではない。

共通しているわけではなくて、むしろ逆である。

これは対話というものの性質をよく考えてみればわかる。多くの写実的小説は舌端火を吹く対話を避け、会話はむしろ描写の息抜き、写実の味つけとして用いられている。しかし戯曲では、いかに写実的戯曲といえども、一行一行の会話が、いわば立体的な柱であって、会話は列柱状をなして配列されていることに、注意深い読者は気づくであろう。これはそこにいる何人かの登場人物の、戯曲的把握と小説的把握の差を考えてみれば、すぐわかることである。

戯曲では、喋っていないときも、人物は舞台上にいて、観客の目に見えているということが前提になっている。たとえ端役であってもそれがひいき役者なら、観客は主役には目もくれず、その端役の一挙手一投足だけを目で追っている自由も権利もあるわけだ。そして一つの役のセリフがたとえば一幕に二十五あるとすると、その俳優はその二十五のセリフに自己表現の成否を託することになり、戯曲の読者にとっても、その人物を心の中に造型するには、その人物が二十行前で何を言ったかをたえず喚起していなければならない。従って戯曲の会話というものは、いかに円滑にやりとりされていても、その一つ一つが別々の人物の全性格をたえず背後に負っているのであるから、私はこれを列柱状と形容したわけであるが、さらに正確に言えば、赤緑黄の三色に人物を色分けすれば、その三色に彩られた柱が交互に並んでいるところを想像してもらえばよかろう。

これに反して、小説では、喋っていないときの人物も、内面描写によって、たえず存在せしめることができる。喋ることだけが自己表現や性格表現の主要素ではないからである。会話はむしろ、その人物の全的表現でないことが多く、このことは、内心独白の立体化ともいうべき私小説に於て極まるのである。小説における会話は、トォマス・マンの「魔の山」や、ドストイエフスキーの「カラマゾフの兄弟」などのような、思想的な論争小説を除いては、暗示的効果や雰囲気醸成のために使われることが多く、そういう小味な技巧は、短篇小説の場合、特に有用である。

芥川龍之介の「将軍」の末尾の会話は、このような瀟洒《しょうしゃ》な味として比類のないものだ。

「少将は足を伸ばした儘《まま》、嬉しそうに話頭を転換した。

『又榲桲《マルメロ》が落ちなければ好《い》いが、……』」

しかし、日本文学はマンやドストイエフスキーのような、理念の衝突が人物の衝突として描かれるロマン・イデオロジックの伝統に乏しいため、小説中の会話が思想表白の手段として用いられることが少ない。思想の闘いとして行使される長大な会話は、上演をあてにした戯曲のように観客の注意力集中の限界を心配しないですむために、小説の大きな武器となるものであり、西欧では、戯曲とは云えない対話形式の文学作品が多く生み出されてきた。ゴビノオ伯爵の「ルネッサンス」などはそのすぐれた一例である。又、「カラマゾフの兄弟」の原作の会話だけを再編集して上演した例もパリであった。

これは一つには、ギリシア以来の広場《アゴラ》の弁論術や、上流社会のサロンの会話など、抽象的論争そのものを娯しむ社会伝統と関わりがあり、ヨーロッパの演劇がこの伝統上にあれば、小説もこの伝統から恩恵を受けていない筈はないのである。写実主義小説と写実主義戯曲との間にある、前述のような方法上理念上の区別は、まだ小説形式が未発達だった十八世紀には、明瞭でなかった。十八世紀フランス文学では、小説の会話と戯曲の会話との間に本質的な意味効用の差はないと云ってよい。

しかしこれをこのまま日本へ持ってくると、見るも無残なことになるのである。私は「美しい星」でその実験を試みたが、成功したとは云いにくい。論争の小説化としては古くは源氏物語の「雨夜の品定め」から、江戸末期の洒落本《しゃれぼん》、明治初期の逍遥の「当世書生気質《とうせいしょせいかたぎ》」や二三の政治小説などに片鱗があるけれど、その後日本の近代小説は、外国人をして会話小説（Conversation Novel）と言わしめた潤一郎の「細雪」も含めて、論争を小説中に取り入れることを諦らめてしまい、写実的会話だけが小説の会話としてふさわしいという一種の文学的慣習を作ってしまった。もちろん例外はいくつかあるが、その例外にしても、横光利一の「旅愁」のように、

「じゃ、あなたがたは、科学と道徳とどちらが良いと思われるのですか。」

などという、一読肌に粟《あわ》を生ぜしめるような怪奇な対話を出現させたのである。

問題を整理しよう。日本語では抽象語がそれ自体生活の伝統と背景を欠いているため、逆に、会話に於ける抽象語の濫発（それは論争には不可避である）は、サタイヤとしての効果を狙うならいざ知らず、狙わなくても、それだけで、根無し草の近代都市インテリの或るタイプのイメーヂを、会話だけから浮び出させてしまう。従って、その臭味を避け、そのイメーヂの限定を避けて、抽象的論争の会話を作中に持ち込むことは至難である。殊に女性を抽象的論争に加わらせることは、その女性のイメーヂ自体を特殊化することであり、化粧、髪型、服装、顔形まで、きわめて特殊な、それも決して美しくない女のイメーヂを喚起させてしまう。もちろんこういうことは社会の変化と共に変っても来るであろう。しかし、主題の普遍化を意図した抽象的会話は、却《かえ》って小説を或る特殊なインテリの社会集団の間接的写生に近づけてしまうのである。

かくて日本語の会話は、できるだけ抽象語観念語を避け、感情や心理についてもできるだけ分析的表現を避けて暗示にとどめるほうが、無難だということになる。殊に小説は演劇とちがって、俳優の肉体の有無を言わせぬプレザンスに扶《たす》けられることがないから、会話が肉体を侵食する惧《おそ》れに絶えずさらされている。そして近代小説の進化に伴って、小説の地の文の、分析性観念性抽象性には、日本語の限界ギリギリまで読者も馴らされて来たのであるが、この無理な要請が、却って会話の部分に写実性具体性官能性を要求させ、些少《さしょう》の不自然も許容させなくなった、ということが云えると思う。読者の感覚的違和感をいかに欺《だま》しながら主題を展開するか、ということは、日本の近代小説家のほとんど詐欺師的メチエに属する。

それから日本語のもう一つの特性は、敬語の使い分けによって人物を描き分けた源氏物語ほどでないにしても、なお敬語によって階級や身分の差を、男性語女性語によって性別を、何の説明もなしに如実に表現できるという利点を持っていることである。もちろん小説家はこういう利点を存分に利用する。このために外国の小説のように、一々「彼は言った」「彼女は言った」を繰り返さなくても、男女の会話はたちどころに弁別できるのであるが、こういう便益が、前述したような互角の論争のむずかしさと相表裏しているのもたしかなことである。

私は小説中の会話を、一種の必要悪と考えて諦めることにしている。それは整然たる地の文の抒述に対して、授業中に脇見をする生徒のような、或るうしろめたい安息と即興的抒情をもたらす。どんなに深刻な会話であっても、地の文に比べれば、魂の重味が軽いような気がするのは、私が単に日本人であるためかもしれない。会話にはどうしても浮薄な性質が抜け切れぬように感じられるのは、一番重要なことは口に出して語らないというわが文化伝統のせいかもしれない。私の小説の人物はあまりお喋りではないのに、私の戯曲の人物は最大限にお喋りである。それは不自然を承知で、環境説明、心理描写、自然描写など、小説の地の文に当る部分を、すべてセリフに盛り込もうとする私の独特な作劇法のためである。

小説のドラマティックな頂点で、もちろん白熱する会話が重要な役割を演ずる場合もある。しかし単なる会話の羅列は、私にはいつも小説の頂点として、何か濃度の不足なものに感じられる。私は手綱を引き締め、会話の一つ一つのリアリティーの裏附けのため、顔の表情や心理の動きや情景描写を点綴《てんてつ》する。場面がそんな余裕のないほど緊迫していればいるほど、そういう挿入がふしぎな効果を発揮するのが小説というものであり、このあくまで客観的な芸術では、登場人物のどんな感情の嵐のさなかにも作者が冷静を失っていないという証拠を、読者は要求したがるからである。この要請をあまり無視しすぎると、作者自身が陶酔しているように疑ぐられ、この疑惑は直ちに読者の陶酔を冷ますのだ。

これに反して、戯曲のクライマックスの場面では、私は何ら描写の義務に迫られないですむ。戯曲では序幕がもっとも難物であるが、大詰か大詰に近い部分で、いよいよプロタゴニストとアンタゴニストの対決がはじまると、いつも経験することだが、私の筆はほとんど心霊科学の自動書記のようになって、思考が筆に追いつかぬほど、筆が疾駆する。それというのも、待ちに待たれたそういう頂点に来ると、相対する二人の登場人物は、私の内部で全く相対立する二ヶの人格となって動き出し、その「言葉の決闘」のすさまじさを、私の筆はただ息せき切って追いかける他はないからである。

九

現代小説に対しては程よいお附合はするけれども、本当のところ「三嘆これ久しうする」というほどの感激を味わうことができなくなっているのは、こちらの感受性の磨滅にも依るのであろう。文学賞の審査をいくつもやりながら、なお小説を読むのが三度の飯より好き、などという人がいたら、その人はまちがいなく怪物であろうと私には思われる。

では、私が小説がきらいになったかと云えば、そうも云えない。依然私は「小説」を探しているからである。評論を読んでも歴史を読んでも私が小説を探していることに変りはなく、その点は、法律の講義をききながら、その中に一生けんめい「小説」を探していた学生時代の私と、今の私が別人になったわけではない。

新らしい本を追いかけて読むよりも、むかし感銘を受けた本を再読して、むかし気づかなかった「小説」をそこに豊富に発見することがある。ただ「小説」と抽象的に言うだけでは、いつまでたってもあいまいであろうから、端的な実例をあげることにしよう。

私は最近、そういう自分のたのしみのためだけの読書として、柳田国男氏の名著「遠野物語《とおのものがたり》」を再読した。これは明治四十三年に初版の出た本で、陸中上閉伊《かみへい》郡の山中の一聚落《しゅうらく》遠野郷《ごう》の民俗採訪の成果であるが、全文自由な文語体で書かれ、わけても序文は名文中の名文である。この序文についてはあとで触れるとして、私の挙げたいのは、第二十二節の次のような小話である。

「佐々木氏の曽祖母年よりて死去せし時、棺に取納め親族の者集り来て其夜は一同座敷にて寝たり。死者の娘にて乱心の為離縁せられたる婦人も亦《また》其中に在りき。喪の間は火の気《け》を絶やすことを忌むが所の風なれば、祖母と母との二人のみは、大なる囲炉裡の両側に坐り、母人は旁《かたはら》に炭籠を置き、折々炭を継ぎてありしに、ふと裏口の方より足音して来る者あるを見れば、亡くなりし老女なり。平生腰かゞみて衣物《きもの》の裾《すそ》の引ずるを、三角に取上げて前に縫附けてありしが、まざ〳〵とその通りにて、縞目にも目覚えあり。あなやと思ふ間も無く、二人の女の坐れる炉の脇を通り行くとて、裾にて炭取にさはりしに、丸き炭取なればくる〳〵とまはりたり。母人は気丈の人なれば振り返りあとを見送りたれば、親縁の人々の打臥《うちふ》したる座敷の方へ近より行くと思ふ程に、かの狂女のけたゝましき声にて、おばあさんが来たと叫びたり。其余の人々は此声に睡を覚し只打驚くばかりなりしと云へり」

この中で私が、「あ、ここに小説があった」と三嘆これ久しぅしたのは、「裾にて炭取にさはりしに、丸き炭取なればくる〳〵とまはりたり」という件《くだ》りである。

ここがこの短かい怪異譚《たん》の焦点であり、日常性と怪異との疑いようのない接点である。この一行のおかげで、わずか一頁の物語が、百枚二百枚の似非《えせ》小説よりも、はるかにみごとな小説になっており、人の心に永久に忘れがたい印象を残すのである。

こんな効果は分析し説明しても詮ないことであるが、一応現代的習慣に従って、分析を試みることにしよう。

通夜の晩あらわれた幽霊は、あくまで日常性を身に着けており、ふだん腰がかがんで、引きずる裾を三角に縫い附けてあったまま、縞目も見おぼえのある着物で出現するので、その同一性が直ちに確認せられる。ここまではよくある幽霊談である。人々は死の事実を知っているから、そのときすでに、ありうべからざることが起ったということは認識されている。すなわち棺内に動かぬ屍体があるという事実と、裏口から同一人が入って来たという事実とは、完全に矛盾するからである。二種の相容れぬ現実が併存するわけはないから、一方が現実であれば、他方は超現実あるいは非現実でなければならない。そのとき人々は、目前に見ているものが幽霊だという認識に戦慄しながら、同時に、超現実が現実を犯すわけはないという別の認識を保持している。これはわれわれの夢の体験と似ており、一つの超現実を受容するときに、逆に自己防衛の機能が働いて、こちら側の現実を確保しておきたいという欲求が高まるのである。目の前をゆくのはたしかに曾祖母の亡霊であった。認めたくないことだが、現われた以上はもう仕方がない。せめてはそれが幻であってくれればいい。幻覚は必ずしも、認識にとっての侮辱ではないからだ。われわれは酒を呑むことによって、好んでそれをおびき寄せさえするからだ。

しかし「裾にて炭取にさはりしに、丸き炭取なればくる〳〵とまはりたり」と来ると、もういけない。この瞬間に、われわれの現実そのものが完全に震撼されたのである。

すなわち物語は、このとき第二段階に入る。亡霊の出現の段階では、現実と超現実は併存している。しかし炭取の廻転によって、超現実が現実を犯し、幻覚と考える可能性は根絶され、ここに認識世界は逆転して、幽霊のほうが「現実」になってしまったからである。幽霊がわれわれの現実世界の物理法則に従い、単なる無機物にすぎぬ炭取に物理的力を及ぼしてしまったからには、すべてが主観から生じたという気休めはもはや許されない。かくて幽霊の実在は証明されたのである。

その原因はあくまでも炭取の廻転にある。炭取が「くる〳〵」と廻らなければ、こんなことにはならなかったのだ。炭取はいわば現実の転位の蝶番《ちょうつがい》のようなもので、この蝶番がなければ、われわれはせいぜい「現実と超現実の併存状態」までしか到達することができない。それから先へもう一歩進むには、(この一歩こそ本質的なものであるが)、どうしても炭取が廻らなければならないのである。しかもこの効果が、一にかかって「言葉」に在る、とは、愕《おどろ》くべきことである。舞台の小道具の炭取では、たとえその仕掛がいかに巧妙に仕組まれようとも、この小話における炭取のような確乎たる日常性を持つことができない。短い抒述の裡《うち》にも浸透している日常性が、このつまらない什器の廻転を真に意味あらしめ、しかも「遠野物語」においては、「言葉」以外のいかなる質料も使われていないのだ。

私が「小説」と呼ぶのはこのようなものである。小説がもともと「まことらしさ」の要請に発したジャンルである以上、そこにはこのような、現実を震撼させることによって幽霊（すなわち言葉）を現実化するところの根源的な力が備わっていなければならない。しかもその力は、長たらしい抒述から生れるものではなくて、こんな一行に圧縮されていれば十分なのである。

上田秋成の「白峯」の、崇徳上皇出現の際の、

「円位、円位と呼ぶ声す」

の一行のごときも、正《まさ》しくこれであろう。そのとき炭取は廻っている。

しかし凡百の小説では、小説と名がついているばかりで、何百枚読み進んでも決して炭取の廻らない作品がいかに多いことであろう。炭取が廻らない限り、それを小説と呼ぶことは実はできない。小説の厳密な定義は、実にこの炭取が廻るか廻らぬかにあると云っても過言ではない。

そして柳田国男氏が採録したこの小話は、正に小説なのである。

「遠野物語」に小説が発見されるのは、この第二十二話にとどまらない。

第十一話の、嫁と折合のわるい母を殺す倅《せがれ》の物語は、プロスペル・メリメも三舎を避ける迫力と簡勁の極である。この一篇を熟読玩味すれば、小説とはいかなるものかがわかろう。そこには肉親愛のアンビヴァレンツが、一言の心理説明もなしに惻々《そくそく》と

語られ、母と妻と息子という、両性のもっとも単純化された原始的な三角関係が、母殺しの大鎌を磨《と》ぎつづけて夕方にいたる永い時間の経過を圧縮して、もっとも兇暴な、しかし不可避の人間悲劇のカタストロフへ一気に押し進める。何ら論理的な構成は意図されていないのに、その必然性の産み出す力は圧倒的なものである。目をそむけたいほどの人倫破壊が、実は血みどろの人倫によって成就されているのである。

これはただ、山村できいた柳田氏の聴書にすぎぬではないか、という人もあろう。小説に告白をしか求めない人は、言語表現が人に強いる内的体験というものを軽視しているのである。別に小説たらんと意図したわけではない柳田氏の聴書が、かくもみごとな小説たり得ているのは、氏の言語表現力の一種魔的な強さ、その凝縮力、平たくいえば文章の力のために他ならない。

ただ単に、情感に裏付けられた紀行文としても、「遠野物語」の序文は、このような氏の文章力を証明する名文である。この序文のさりげない抒景は、「遠野物語」全篇の序として比類のないものであり、歴史から取り残された山間の一聚落に伝えられた、人間生活の恐怖の集大成である「遠野物語」は、その序文に描かれた風景をとおして読むときに、一種やるせない情緒を増すのである。それは哀感を通り越して、氏の文章の堅固なインディフェレンスのために、ほとんど残酷に感じられるほどである。

寒村の小人間集団であるために、なお濃密に不可避に仕組まれた人間存在の「問題性」の、間接的な表現であるところの民話の集成の、血なまぐさい成果を示すに当って、氏が次のような美しい序文を書いた心事に想到してみるがいい。

「天神の山には祭ありて獅子踊あり。茲《ここ》にのみは軽く塵《ちり》たち紅き物聊《いささ》かひらめきて一村の緑に映じたり。獅子踊と云ふは鹿の舞なり。（中略）笛の調子高く歌は低くして側《かたはら》にあれども聞き難し。日は傾きて風吹き酔ひて人呼ぶ者の声も淋しく女は笑ひ児は走れども猶《なほ》旅愁を奈何《いかん》ともする能《あた》はざりき」

十

私がこうして縷々《るる》と小説論を展開しても、いうまでもないことながら、それはあくまで「私の小説論」にとどまる。

芥川賞のような新人の作品の審査をするに当って、いずれもしたたかな十一人の小

説家が居並ぶと、その小説観の多種多様なことにおどろかされ、しかも各審査員が一人一人、永年の経験とカンで、

「これは小説ではない」

「これは小説だ」

という、ほとんど独断的な確信を抱いていることに驚嘆させられるのである。又、お互いに文学的傾向の近いと考え合っている二人の作家が、一つの候補作品について極端な好悪のちがいを示すかと思うと、お互いに資質も傾向も全く異質だと考え合っている二人の作家が、一つの候補作品についておどろくほどの意見の一致を見ることもある。十一人の審査委員が十篇の候補作を審査して、たとえ最後は機械的な多数決に陥りがちにもせよ、一篇の当選作を選び出すにいたる過程は、神秘としか名付けようがない。

もちろん、小説とは何か、という基準的範例的な考え方と、好きな小説きらいな小説という、ごく主観的な趣味や感覚の撰択とは、しばしばあいまいに混同される。しかし一方では、趣味的感覚的にきらいな小説でも、自分の感覚に逆らってまで、客観的な批評基準をこれに適合させようという良心的努力は、十分に払われていると信ぜ

られる。それがまたしばしば見当外れの努力であるにしても。

小説の賞というものは、当選作が候補作の中で最上の作品であったとは、なかなか言い難いものだが、「小説とは何か」という原理的思考へ審査員の小説家たちを、しばしがほどは立戻らせるだけでも、有益な事業と云わねばならぬであろう。

たとえ未熟な新人の作品であっても、一人の成熟した作家が、審査員としてこれに立ち向うときには、さまざまな心理的な思惑に悩まされるものである。

『何という下手な書出しだろう。地理的関係も、人間関係も、何もわからぬではないか。……まあ、よしよし、その内面白くなるだろう。しかし、それにしてもひどい文章だな。このごろの若い人は、小説を書くのに、文章などどうでもよいと思っているのかしらん。……箸にも棒にもかからぬたわ言を、読者がうかうか読んでしまうのは、文章の力のおかげなのだが。……おやおや、女が出て来たぞ。出て来るなり、女が何か気障《きざ》なことを言い出した。女にこんなことを言わせてはいかん。これでイメージは台なしだ。しかも主人公は、女のそういうイヤなところに気づかず惚《ぼ》れ込んでゆくが、それはいいとしても、作者まで、こういう女を肯定しているらしいのは、青二才もいいところだ。……ははあ、今度は何かカクテル・パーティーのシーンらしいぞ。へえ、洗煉された会話のつもりで田舎の洋裁学校のような会話を喋らせている。お里が知れるな。……よく読むと、そういう軽薄な会話は、諷刺のつもりらしいが、諷刺のつもりで自慢の鼻をうごめかせている作者自身が、同じ水準だということはすぐにわかる。……もっと侮蔑を！　もっと侮蔑を！　侮蔑が足りない。プチ・ブゥルジョアを描くのに、片時も侮蔑のタッチを忘れてはだめだ。一体フロオベエルを読んだことがあるのかしらん？……ははあ、今度は風景描写と来たな。海か。ちっとも潮の匂いがしないじゃないか。言葉を沢山使えば使うほど、張りぼてになってしまうじゃないか。……うん、うん。オートバイのあんちゃんたちが出て来た。この連中の会話は一寸《ちょっと》面白い。へえ、こんなふうに女の子をからかうのかねえ。昔では一寸想像のつかんことだ。なるほどねえ。はやり言葉もこう機関銃のように使われると、一種のダイナミズムが出て来る。これは一寸真似ができんな。……おやおや、伏線も引かずにこんな事件を突発させて、短篇の枚数で、どう処理するつもりだろう。これをそもそも書きたかったのなら前置きが長すぎ、尻切れ蜻蛉《とんぼ》になるのはわかりきっているじゃないか。バカだな。そんなこともわからないのか。……そら、そら、そら、……おっと。この結末は完全な失敗。これでこの小説はオジャンだ』

一つの作品を読む審査員の内心独白は、ざっとこんなものである。これはまだ自己に忠実なほうで、他人のことを考え出したら、「古い」と思われたくなく、又、「新らしがり」と思われたくなく、「頑固」と見られたくなく、又、「妥協的」と見られたくなく、心理的葛藤でヘトヘトになってしまう人もあろう。

しかしともあれ町会の旦那衆は、御神酒所《おみきしょ》に陣取って表面だけはにこにこしながら、年々歳々担ぎ方が下手になり格を外れて来たように思われる神輿《みこし》の渡御を見送るのである。

『ちぇっ。俺が若いころは、ずっと巧く、ずっといなせに担いだもんだがなあ』

——だが、困ったことに、小説は神輿ではなく、小説には型も格式もない。

それでも「これが小説だ」というものがある筈だ、本当の小説なら必ず一ヶ所でも炭取の廻るところがある筈だ、という思いは、審査員のどの胸にもくすぶっている。そして子供らしい希望がまだ消えずに残っていて、十一人が十一人とも、天才の珠玉の前にひれ伏したい気持を持っているのである。

私が永年この種の審査に携って来て、只一度、生原稿で読んで慄然たる思いのしたのは、深沢七郎氏の「楢山節考《ならやまぶしこう》」に接した時のことである。中央公論新人賞というのは、百枚以上の中篇を生原稿で十篇以上も読むのであるから、決して楽な審査ではない。いくつかの候補作に倦《う》んじ果てたのち、忘れもしない或る深夜のこと、炬燵《こたつ》に足をつっこんで、そのあまり美しくはない手の原稿を読みはじめた。はじめのうちは、何だかたるい話の展開で、タカをくって読んでいたのであるが、五枚読み十枚読むうちに只ならぬ予感がしてきた。そしてあの凄絶なクライマックスまで、息もつがせず読み終ると、文句なしに傑作を発見したという感動に搏《う》たれたのである。

しかしそれは不快な傑作であった。何かわれわれにとって、美と秩序への根本的な欲求をあざ笑われ、われわれが「人間性」と呼んでいるところの一種の合意と約束を踏みにじられ、ふだんは外気にさらされぬ臓器の感覚が急に空気にさらされたような感じにされ、崇高と卑小とが故意にごちゃまぜにされ、「悲劇」が軽蔑され、理性も情念も二つながら無意味にされ、読後この世にたよるべきものが何一つなくなったような気持にさせられるものを秘めている不快な傑作であった。今にいたるも、深沢氏の作品に対する私の恐怖は、「楢山節考」のこの最初の読後感に源している。

そのような文学上の傑作とは何だろうか。私はその後、もう一度このような体験をしたことがあるが、それはアーサー・クラークのSF「幼年期の終り」を読んだときであった。クラークのこの作品は、私の読んだおよそ百篇に余るＳＦのうち、随一の傑作と呼んで憚《はばか》らないものであるが、「幼年期の終り」は徹頭徹尾知的な作物である点で、「楢山節考」とは正に対蹠的でありながら、その読後感のいいしれぬ不快感は共通しているのである。

ＳＦを好まぬ読者には、つまらぬ筋立てと思われようが、ある日地球の上空に大宇宙船団があらわれ、人類の世界国家建設と戦争の絶滅を促し、その意図は全く人間主義的な理想主義を最高度に示し、見えざる上帝が船中から地球を間接支配するにいたる。誰も見たことのないその上帝が、五十年後姿をあらわすと、それは人間の伝説上の、翼を持った悪魔と全く同じ姿なのである。悪魔伝説は古い昔に、この宇宙人の姿を垣間見た人類が、人類の敵と考えて造型し伝承させたものであり、上帝はこの姿を見た人類に誤解されることを怖れて、五十年の時を仮《か》して、人類の集合的無意識の退化、文化・宗教伝統の廃絶を待ったのち、その真の姿をあらわしたのであった。

人類の歴史自体を幼年期と考え、さらに成人するときの苛烈なイニシエーションをドラマに仕組んだこの小説の、筋を悉《ことごと》く紹介している暇はないが、上帝が悪魔の姿であらわれるとき、この知的構築に秀でたＳＦにとって、何とばかばかしい工夫かと一瞬読者は思うが、考えるうちに、そこにすこぶる不快なアイロニーがこめられていることがわかる。キリスト教信者がこの小説を読んだときの不快はさこそと察せられるのである。

われわれは小説なんかを読むことによって、自分一個の小さな矜《ほこ》りならばともかく、人間としての矜持を失いたくない。その矜持の根柢を突き崩してくれなどと、誰も小説家にたのんだおぼえはない。しかし或る種の不快な（すばらしい才能のある！）作家たちは、ひたすらこのような不快な作業に熱中して日を送っているのだ。それを考えるとわれわれは慄然とする。

今さらカタルシスの説を持ち出さずとも、或る種の小説は、たしかに浄化を目睹《もくと》してはいるが、その浄化がわれわれの信じている最終的な矜りを崩壊させることと引代えでなくては与えられぬように仕組まれている。そこに私は、小説の越権というようなものを感じるのである。

そういう小説では、たしかに「炭取は廻った」のであるから、それを小説と認めなければならない。しかし、一方、小説と認めた以上、すべてを認めなければならぬという義理もないのである。猥褻や残酷については、文学的節度を云々《うんぬん》することはむしろたやすいけれども、猥褻でも残酷でもなくて、文学的節度を明らかに逸脱したものについては論じにくい。バタイユがいくら羽目を外しても、私にはキリスト教内部の叛逆と感じられるが、この世には、ただ人を底なしの不快の沼へ落し込む文学作品もあるのである。いわばこれを「悪魔の芸術」と呼ぶことができよう。

十一

気ままな連載の形を許してもらっているので、前回で未解決の問題をさしおいて、自分の身辺のことを語らせてもらいたいと思う。一種の間狂言《あいきょうげん》というつもりでお読みをねがう。

つい数日前、私はここ五年ほど継続中の長篇「豊饒の海」の第三巻「暁の寺」を脱稿した。これで全巻を終ったわけでなく、さらに難物の最終巻を控えているが、一区切がついて、いわば行軍の小休止と謂《い》ったところだ。路ばたの草むらに足を投げ出して、煙草を一服、水筒の水で口を湿らしているところを想像してもらえばよい。人から見れば、いかにも快い休息と見えるであろう。しかし私は実に実に実に不快だったのである。

この快不快は、作品の出来栄えに満足しているか否かということとは全く関係がない。では何の不快かを説明するには、沢山の言葉が要るのである。これからが、おそらく他人には何の興味もない、私の陰気な独白になる。

私は今までいくつか長篇小説を書いたけれども、こんなに長い小説を書いたことははじめてである。今までの三巻だけでも、あわせて優に二千枚を超えている。長い小説を書くには、ダムを一つ建てるほどの時間がかかる。小説と限らず、目前に七年がかりの仕事を控えた人間が、未来に対して何を考えるか、大体決っている。時間というものは不確定なものである。まして七年となればこれに歴史がからむ。自分が不慮の病気か事故で死ぬか、それとも現実のほうが一変して、同じ条件で仕事をつづけることを阻むかは、蓋然《がいぜん》性として容易に考えられる。そういうことを考えない人はよほどの楽天家である。

書きはじめるとき、私もこれを考えた。この作品の完成には、作品にとって幸運な種々の条件が調わねばならぬことは自明の理だった。大体私の長篇小説が演劇的欠陥を持っている、とはよく言われることで、計画どおりに進まないと気持がわるいから、終結部を脳裡に描きながら、現実的諸条件をいわば凍結しておいて、書き進めることが多かったが、これほどの長い作品になると、そうも行かなかった。

従って、「豊饒の海」を書きながら、私はその終りのほうを、不確定の未来に委《ゆだ》ねておいた。この作品の未来はつねに浮遊していたし、三巻を書き了《お》えた今でもなお浮遊している。しかしこのことは、作品世界の時間的未来が、現実世界の時間的未来と、あたかも非ユークリッド数学における平行線のように、その端のほうが交叉して融け合っているということを意味しない。なぜならいかに未確定の未来といえども、その未来は、二千枚の中にすでに胚子として蓄えられ、その必然性をのがれる術《すべ》もないからである。作品世界の未来の終末と現実世界の終末が、時間的に完全に符合するということは考えられない。ポオの「楕円形の肖像画」のような事件は、現実には起りえないのだ。

かくて、この長い小説を書いている間の私の人生は、二種の現実を包摂していることになる。バルザックが病床で自分の作中の医者を呼べと叫んだことはよく知られているが、作家はしばしばこの二種の現実を混同するものである。しかし決して混同しないことが、私にとっては重要な方法論、人生と芸術に関するもっとも本質的な方法論であった。故意の混同から芸術的感興を生み出す作家もいるが、私にとって書くことの根源的衝動は、いつもこの二種の現実の対立と緊張から生れてくる。そしてこの対立と緊張が、今度の長篇を書いている間ほど、過度に高まったことはなかった。

さて、進行中の作品であるから、作品内の現実もなお未来を孕《はら》んで浮遊しており、作品外の現実はもちろん常のごとく未来を孕んで浮遊している。

世間で考える簡単な名人肌の芸術家像は、この作品内の現実にのめり込み、作品外の現実を離脱する芸術家の姿であり、前述のバルザックの逸話などはその美談になるのである。しかし、その二種の現実のいずれにも最終的に与《くみ》せず、その二種の現実の対立・緊張にのみ創作衝動の泉を見出す、私のような作家にとっては、書くことは、非現実の霊感にとらわれつづけることではなく、逆に、一瞬一瞬自分の自由の根拠を確認する行為に他ならない。その自由とはいわゆる作家の自由ではない。私が二種の現実のいずれかを、いついかなる時点においても、決然と選択しうるという自由である。この自由の感覚なしには私は書きつづけることができない。選択とは、簡単に言えば、文学を捨てるか、現実を捨てるか、ということであり、その際どい選択の保留においてのみ私は書きつづけているのであり、ある瞬間における自由の確認によって、はじめて「保留」が決定され、その保留がすなわち「書くこと」になるのである。この自由抜き選択抜きの保留には、私は到底耐えられない。

「暁の寺」を脱稿したときの私のいいしれぬ不快は、すべてこの私の心理に基づくものであった。何を大袈裟《おおげさ》なと言われるだろうが、人は自分の感覚的真実を否定することはできない。すなわち、「暁の寺」の完成によって、それまで浮遊していた二種の現実は確定せられ、一つの作品世界が完結し閉じられると共に、それまでの作品外の現実はすべてこの瞬間に紙屑になったのである。私は本当のところ、それを紙屑にしたくなかった。それは私にとっての貴重な現実であり人生であった筈だ。しかしこの第三巻に携わっていた一年八ヶ月は、小休止と共に、二種の現実の対立・緊張の関係を失い、一方は作品に、一方は紙屑になったのだった。それは私の自由でもなければ、私の選択でもない。作品の完成というものはそういうものである。それがオートマティックに、一方の現実を「廃棄」させるのであり、それは作品が残るために必須の残酷な手続である。

私はこの第三巻の終結部が嵐のように襲って来たとき、ほとんど信じることができなかった。それが完結することがないかもしれない、という現実のほうへ、私は賭けていたからである。この完結は、狐につままれたような出来事だった。「何を大袈裟な」と人々の言う声が再びきこえる。作家の精神生活というものは世界大に大袈裟なものである。

浮遊していたものが確定され、一つの作品のなかに閉じ込められる、というときの一種痛ましい経験については、作家はどんなに大袈裟に語っても、まだ十分でないと感じるにちがいない。

しかしまだ一巻が残っている。最終巻が残っている。「この小説がすんだら」という言葉は、今の私にとって最大のタブーだ。この小説が終ったあとの世界を、私は考えることができないからであり、その世界を想像することがイヤでもあり怖ろしいのである。そこでこそ決定的に、この浮遊する二種の現実が袂《たもと》を分ち、一方が廃棄され、一方が作品の中へ閉じ込められるとしたら、私の自由はどうなるのであろうか。唯一ののこされた自由は、その作品の「作者」と呼ばれることなのであろうか。あたかも縁もゆかりもない人からたのまれて、義理でその人の子の名付け親になるように。

私の不快はこの怖ろしい予感から生れたものであった。作品外の現実が私を強引に拉致《らち》してくれない限り、(そのための準備は十分にしてあるのに)、私はいつかは深い絶望に陥ることであろう。思えば少年時代から、私は決して来ない椿事《ちんじ》を待ちつづける少年であった。その消息は旧作の短篇「海と夕焼」に明らかである。そしてこの少年時の習慣が今もつづき、二種の現実の対立・緊張関係の危機感なしには、書きつづけることのできない作家に自らを仕立てたのであった。

吉田松陰は、高杉晋作に宛《あ》てたその獄中書簡で、

「身亡びて魂存する者あり、心死すれば生くるも益なし、魂存すれば亡ぶるも損なきなり」

と書いている。

この説に従えば、この世には二種の人間があるのである。心が死んで肉体の生きている人間と、肉体が死んで心の生きている人間と。心も肉体も両方生きていることは実にむずかしい。生きている作家はそうあるべきだが、心も肉体も共に生きている作家は沢山はいない。作家の場合、困ったことに、肉体が死んでも、作品が残る。心が残らないで、作品だけ残るとは、何と不気味なことであろうか。又、心が死んで、肉体が生きているとして、なお心が生きていたころの作品と共存して生きてゆかねばな

らぬとは、何と醜怪なことであろう。作家の人生は、生きていても死んでいても、吉田松陰のように透明な行動家の人生とは比較にならないのである。生きながら魂の死を、その死の経過を、存分に味わうことが作家の宿命であるとすれば、これほど呪《のろ》われた人生もあるまい。

「何を大袈裟な」と笑う声が三度《みたび》きこえる。

「お前は小説家である。幸い本も多少売れ、生活も保障されている。何を憂うることがある。大人しく小説を書いていればいいではないか。われわれはそれをたのしんで読み、読み飽きれば古本屋へ売り、やがて忘れるだろう。それだけが小説家の仕事ではないか。お前は何か誇大妄想に陥っているのではないか。ただ大人しく小説を書いておれ。それ以外にお前のやるべきことはなく、われわれもそれ以外にお前に対して何も期待してはいないのだ」

その忠言はまことに尤《もっと》もであり、一々当を得ていて、返す言葉もない。しかし私は生きている限り、力の限りジタバタして、この忠言に反抗し、この忠言からのがれようとつとめるであろう。もし、(万が一にもそんなことはありえないが)、私が心を改めて、こんな忠告に素直に従うとしたら、その時から私は一行も書けなくなるであろうからである。

十二

このごろは一般に小説家の偽善的言辞を弄《ろう》する者が多くなって、偽善の匂いの全くしない小説家といえば、わずかに森茉莉さんと野坂昭如氏ぐらいしかいないのはまことに心細い。これはもちろん、内田百閒氏や稲垣足穂氏のごときは別格と考えての上である。

私はかつて昭和二十三年に「重症者の兇器」という漫文を書き、その中で、「私の同年代から強盗諸君の大多数が出ていることを私は誇りとする」と書いたが、今もこの心持は失っていないつもりである。「金閣寺」という小説も明らかに犯罪者への共感の上に成り立った作品であった。

私がこんなことを言い出したのは、輓近《ばんきん》のいわゆるシー・ジャック事件のことからで、これに対する文士の反応は、弁天小僧を讃美した日本の芸術家の末裔《まつえい》とも思えぬ、戦後民主主義とヒューマニズムという新らしい朱子学に忠勤をはげんだ意見ばかりであった。近ごろこの種の事件が起るたびに、何か飛び抜けた意見があらわれず、これを言ってはいけない、これは否定しなくてはいけない、という自己検閲が、文士の間ですら無意識に強化されているらしいのは、まことにふしぎな傾向である。

ドストイエフスキーの「罪と罰」を引張り出すまでもなく、本来、芸術と犯罪とは甚だ近い類縁にあった。「小説と犯罪とは」と言い直してもよい。小説は多くの犯罪から深い恩顧を受けており、「赤と黒」から「異邦人」にいたるまで、犯罪者に感情移入をしていない名作の数は却《かえ》って少ないくらいである。

それが現実の犯罪にぶつかると、うっかり犯人に同情しては世間の指弾を浴びるのではないか、という思惑が働らくようでは、もはや小説家の資格はないと云ってよいが、そういう思惑の上に立ちつつ、世間の金科玉条のヒューマニズムの隠れ蓑《かくみの》に身を隠してものを言うのは、さらに一そう卑怯な態度と云わねばならない。そのくらいなら警察の権道的発言に同調したほうがまだしもまし、である。

さて、犯罪は小説の恰好《かっこう》の素材であるばかりでなく、犯罪者的素質は小説家的素質の内に不可分にまざり合っている。なぜならば、共にその素質は、蓋然性の研究に秀でていなければならぬからであり、しかもその蓋然性は法律を超越したところにのみ求められるからである。

法律と芸術と犯罪と三者の関係について、私はかつて、人間性という地獄の劫火の上の、餅焼きの網の比喩を用いたことがあるが、法律はこの網であり、犯罪は網をとび出して落ちて黒焦げになった餅であり、芸術は適度に狐いろに焼けた喰べごろの餅である、と説いたことがあった。いずれにしても、地獄の劫火の焦げ跡なしに、芸術は成立しない。

トルーマン・カポーティは、「冷血」という、きわめて語り口の巧いドキュメンタリー・ノヴェルの中で、弁護の余地のない凶悪犯罪を、一種の神話的タッチで、しかもきわめて無責任に描いたが、この小説は弁護の情熱だけは徹底的に避《よ》けて通るという点で、ソフィスティケイテッドな効果をあげた一方、小説としての倫理的性格を根本的に欠くことになった。それはもちろんカポーティの最初からの意図であったろう。しかしこのような倫理的性格をはじめから放棄したものを、小説とよんでよいかどうか疑問である。もちろん私は小説と修身を混同しているわけではなく、「冷血」が悪徳小説でありえていないという点を批判しているのである。サド侯爵の作中の食人鬼が、いかに自己正当化の理論を情熱的に展開するか、思い出してみるがよい。

小説は、世間ふつうの総花的ヒューマニズムの見地を排して、犯罪の被害者への同情は（当然のことであるから）世間に預けて、むしろ弁護の余地のない犯罪と犯罪者に、弁護の情熱を燃やすところにしか、成立しない筈のものであった。法律や世間の道徳がどうしても容認せず、又もし弁護しようにも所与の社会に弁護の倫理的根拠の見出せぬような場合に、多数をたのまず、輿論《よろん》をたのまず、小説家が一人で出て行って、それらの処理によって必ず取り落されることになる人間性の重要な側面を救出するために、別種の現実世界に仮構をしつらえて、そこで小説を成立させようとするものであった。

もちろんこんな情熱を正義感とまちがえてはいけない。小説家も商売人である以上、世間がどんなヒューマニズムの仮面をかぶっていても、その下に陋劣《ろうれつ》な好奇心と悪への嗜慾《しよく》を隠していることを知悉《ちしつ》している。一旦その通路をとおれば、どんな人も犯罪者の孤独と無縁でなくなることをよく知っている。しかも小説家の方法は、講演会場で大ぜいの聴衆の賛同を求めるという行き方ではなく、ひとりひとりの個室へ忍び入って、余人をまじえずにしんみりと説得するというやり方なのである。

世間ふつうの判断で弁護の余地のない犯罪ほど、小説家の想像力を刺戟し、抵抗を与え、形成の意慾をそそるものはない。なぜならその時、彼は、世間の判断に凭《よ》りかかる余地のない自分の孤立に自負を感じ、正に悔悟しない犯罪者の自負に近づくことによって、未聞の価値基準を発見できるかもしれぬ瀬戸際にいるからである。小説本来の倫理的性格とは、そのような危機にあらわれるものである。

もちろんそういうときの小説家にとっても、いろんな安易な逃げ道はある。昔からある性善説を利用して、犯罪動機を社会環境から説明して、社会や政治体制に罪を押しつける方法もある。しかしそれはあんまり使い古された方法で、社会のほうでも罪を自認しているのだから、始末がわるい。社会がいくら罪を犯しても、社会が逮捕されたという話はきかないから。

一方、小説家が「通俗を避けて」性悪説に加担したとしても、悪を安易に一般化するという弊は避けられない。もし性悪説が正しいなら、どんなに凶悪な犯罪も、われわれ自身の共通の人間性の反映に他ならないが、もし又性善説が正しいなら、機械的に犯人とわれわれは同じ出発点に立ち、われわれのほうがいくらか運が良かったというだけのことになる。

それにしても犯罪の中にあるあの特権的な輝きは何だろうか。小説家の興味はおそらく最終的にそこに帰着するのであるが、犯人が浩瀚《こうかん》な検事調書や警察調書の中でも、(本人の表現能力の不足もあって)ついに告白しえていない秘密とは何だろうか。もちろんそんな秘密は、たとえ語られなくても、法律構成上何ら支障はないから、強いて語らせられることなく終るであろう。しかし小説はそこに魅かれ、そこを狙うのである。

そのとき悪は、抽象的な原罪や、あるいは普遍的な人間性の共有の問題であるにとどまらない。きわめて孤立した、きわめて論証しにくい、人間性の或る未知の側面に関わっている筈である。私はアメリカで行われた凶悪暴力犯人の染色体の研究で、男性因子が普通の男よりも一個多い異型が、これらの中にふつうよりもはるかに多数発見されたという記事を読んだとき、戦争というもっとも神秘な問題を照らし出す一つの鍵が発見されたような気がした。それは又裏返せば、男性と文化創造との関係についても、今までにない視点を提供する筈である。

それはさておき、犯罪は、その独特の輝きと独特の忌わしさで、われわれの日常生活を薄氷の上に置く作用を持っている。それは暗黙の約束の破棄であり、その強烈な反社会性によって、却って社会の肖像を明らかに照らし出すのである。それはこの和やかな人間の集団の只中に突然荒野を出現させ、獣性は一閃の光りのようにその荒野を馳せ、われわれの確信はつかのまでもばらばらにされてしまう。

実は小説家が小説を書くことによって狙っている効果も、このようなものなのである。効果そのものにはそういう犯罪的意図があっても、小説は近代社会特有の寛大さのおかげで、めったに罰せられることがないから、法律や社会道徳を無視した倫理的緊張を自らに悠々と課することができ、いわば法律上の「確信犯」の体系を美的に形成することができるのである。現実の犯人は現実の法律に屈するほかはないが、小説は、かくて、もし成功すれば、その小説を裁く者は神しかないところへまで、自己を推し進めることができる。

しかしそれは、小説独自の作用であり、小説家の自前の功績であろうか。その点がどうも疑わしい。小説家の犯罪者的素質は、殺人よりもむしろ泥棒にあり、むかしから盗作はおろか、人の魂を盗むことは得手なのだ。成功した犯罪小説（私は「赤と黒」から「異邦人」までをすべて含めて言うのだが）は、作者が、現実の、あるいは仮構の犯罪から、犯罪特有の特権的な輝きを、みごとに盗み了《おお》せることによって成功したのではないだろうか。犯人自身はその輝きを放った代りに刑死せねばならなかったが、小説家は生きてその輝きを自分の作品の栄冠に代えるのではなかろうか。

こう考えてゆくと、犯罪独特のあの「特権的な輝き」、それこそ犯罪の本質であると考えられるもの、それは一体何だろうか。それは社会内部から見た者の目に映る、孤絶した反社会性の、黒い鉱石のような輝きに他ならないかもしれない。或る理性の無統御、無知、衝動的性格等によって、犯人が「心ならずも」そういう反社会性の極北へ自分の身を追い込んだとき、本人に叛逆の企図も思想もないだけに、却って純粋に、そうした輝きを放つのかもしれない。少くともシー・ジャック事件には、ハイ・ジャック事件のような滑稽な馴れ合いの余地はなかった。

次に私は、順序として、小説が狂気を扱いうるかについて語らねばならない。

十三

先ごろ私は芥川賞の選衡に当って、久々によい新人の作品を読んだ。吉田知子さんの「無明長夜《むみょうちょうや》」がそれである。この作品は狂気を扱って、それなりに成功した小説といえるであろう。

「学校へ行っても家へ帰っても私には親しく話しあう人はなかったので他人のことは、あまり考えたことがありませんでした。他人のことばかりではなく、外界にも現実にも深い関心は抱きませんでした。それらは所詮、仮のかたちにすぎないのです。ほんの間に合せなのです」

こんな心境で育った女主人公も、そのうち平凡な技師と結婚し、「味のない女」と云われ、子供も生めず、一方、変り者の姑《しゅうとめ》の福子とも葛藤を生ぜず、そのうち良人《おっと》が出張先から行方不明になって二ヶ月後、一人で実母のいる門前村へ戻って様子を見ることにする。そこには自分の心の根源の「物自体」ともいうべき御本山があり、又、一方、その近くの千台寺六角堂には、幼時から「純粋男性」の影ともいうべき印象を深く刻まれていた新院がいる。その新院との一方的な心の交渉、幼なじみの癲癇もちの玉枝を間接的な方法で殺してしまう事件、本山の小火《ぼや》などが後半のあらすじであるが、後半へゆくほど、女主人公の狂気は昂進して、現実と非現実との境界はあいまいになってゆくので、こんなレジュメは意味をなさない。

しかしこの小説の面白さと実感はあくまで細部にあるので、筋立てはやむをえず設けたもののように、作者自身も言っている。主人公は人間にはめったに感動せず、「晩秋に見た焚火《たきび》」には官能の極ともいうべき感動を覚えるが、人間に対して深い関心が働らくのは玉枝の癲癇の発作のように、人間が即時に「物」に化する瞬間のみである。又、新院に対する感情も、決して思慕などというなまやさしいものではなく、さりとて色きちがいのべたべたした色情でもなく、忘れられた官能の根源へ迫ろうとする一種の形而上学的嗜慾とごっちゃになっている。つまりそれは知的焦躁の官能的形式なのであり、主人公はどうしても手が届かず、届かぬのみかますます離隔を深める現実に対して、何ら回復の手段も持たぬまま、何とか自分のなまの存在感を取り戻そうとして空しい焦躁にかられている。

感じようとしても感ずることのできないこの深い離隔のなかで、しかも人間の形をして生きていることに、狂人の矛盾があって、一たん自分自身をコーヒー・ポットだと信ずるにいたれば、それはもう狂気の勝利なのだ。

文学と狂気との関係は、文学と宗教との関係に似たところがある。ヘルダーリンの狂気も、ジェラアル・ド・ネルヴァルの狂気も、ニイチェの狂気も、ふしぎに昂進するほど、一方では極度に孤立した知性の、澄明な高度の登攀《とうはん》のありさまを見せた。何か酸素が欠乏して常人なら高山病にかかるに決っている高度でも、平気で耐えられるような力を、（ほんの短かい期間ではあるが）、狂気は与えるらしいのである。もちろん「無明長夜」は、そこを描こうとしたものでもなく、作者自身の体験から出たものでもない。描かれているのは狂気の経過であり、或る人間離脱の素因が、次第次第に成長して、人間的現実の喪失感を増し、クレッチマアがいみじくも言ったように、「外界に接する皮膚がだんだん革のようにごわごわしたものになる」分裂症の進行に似たものが、鮮明なディテールの集積によって、一つのクライマックスにいたる物語である。しかし分裂症の進行が、往々あるように、殺人や自殺に終っても、それを厳密な意味でクライマックスと呼ぶことはできないであろう。こちら側から見れば、危険な反社会性の現実化であり、一つの社会事件としてのクライマックスであっても、向う側から見れば、さらに進行する経過の上の偶発的事件であるにすぎないからである。

ここに狂気を扱う場合の、構成上の最大の難関があって、「無明長夜」もその点で、明白な弱点を持っている。すなわち、小説は、構成上の必然性がなければならず、プロットは因果関係の上に成立たねばならぬとは、しばしば述べてきたとおりである。それが小説をして「お話」から脱却せしめた要素であり、E・M・フォースタアも言うように、「王が亡くなられ、それから王妃が悲しみのあまり亡くなられた」という、「悲しみのあまり」というプロット要因に小説の本質がひそむのである。

しかるに、狂気は、その進行過程において、ついに必然的クライマックスを持たない。必然的クライマックスとは「物化」「自己物質化」であって、常人の側からは「死」と同じことである。狂人の自殺は二重の意味を持つ。すなわち、自己物質化を狂気が達成しうるのに、さらに死によってその達成を助けることだからである。一方、狂人の殺人は、その反社会性によって社会とは一見対立関係に立つようだけれども、法も亦責任能力を免除しているように、厳密な一対一の対立関係は成立しない。「きちがいに刃物」とはよく言ったもので、狂人に殺された人間は、社会の用語によれば「事故死」なのである。

このような偶然性の体現、自己の行為を偶然化されること、そのこと自体が、自己物質化の進行と浸潤を意味する。なぜなら、偶然とは「物」の特質だからである。これを宗教の用語で言えば、偶然とは「神」の本質であろう。すなわち人間的必然を超えたところにあらわれる現象は、神の領域に他ならないからである。「無明長夜」の殺人と本山炎上の妄想のクライマックスは、この点で、むりに小説を終結させようとした作者の恣意にもとづいている。このような小説は、ディテールの集積だけで十分なのであり、その最良のディテールは、ホフマンスタールの「チャンドス卿の手紙」をさえ思わせる。しかしクライマックスはこれを裏切るのだ。

狂気と正常な社会生活との並行関係乃至《ないし》離反のプロセスだけが、小説の題材になりうる、ということを、この小説は教えている。狂気の困った特色は、その本質が反社会性にあるのではなくて、狂気の論理自体にしか本質がないのにもかかわらず、狂人の幻想には社会生活の残滓《ざんし》が、(もっとも低俗なものをも含めて)、横溢《おういつ》しているということなのである。このことは、前回の犯罪の問題と比べてみるとよくわかるであろう。犯罪的素因を先天性のものと考えるロムブロゾオなどの諸説はともかく、犯罪はその本質を反社会性に持っている。なぜなら犯罪を正当化する最高の論理は、政治的犯罪と非政治的犯罪とにかかわらず、われわれが自己の社会を正当化する論理と同じ次元に立っているからである。このことが、小説の題材として、古来、狂気よりも犯罪が親しまれてきた一因であろう。

われわれが殺人を許容しない社会に住んでいることは、一種の社会契約によって、われわれ自身の殺人をも許容されないものにしてしまっているわけだが、狂気はあくまで病気の一種であり、人間の自由意志とは関係がないから、いかに狂気が危険でも、われわれ自身が発狂することは許されているのである。

これは一見ヘンな論理だと思われるであろう。しかしここには小説の大切な問題がひそんでいる。

なぜなら、小説も芸術の一種である以上、主題の選択、題材の選択、用語の選択、あらゆるものに、作者の意志がかかり、精神がかかり、肉体がかかっている。われわれはそれを不可測の神の意志、あるいは狂気の偶然の意志に委《ゆだ》ねるわけには行かないのである。なるほどソクラテスはその哲学をデエモンの霊感によって得た。しかし、ソクラテスは狂気には陥らなかった。

選択それ自体が自由意志の問題を抱え込んでおり、小説は、「自由意志」という信仰の極限的実験であったともいえる。この社会の要求する社会契約も、倫理的制約も、すべて自由意志自身の責任において乗り超え踏み破ろうとする仮構であった。

ひとたびここへ狂気の問題を導入すると、この根本的なメカニズムにひびが入ってしまうのである。自由意志が否定されたところで、どうして小説世界の構築性という、自由意志の精華のようなものが具現されるであろうか。

犯罪と狂気について述べつつ、私はいわゆるパーヴァージョン（倒錯）の問題には触れずにしまったが、最後に、このような小説世界の構築性という問題に触れて、沼正三氏の「家畜人ヤプー」を取り上げぬわけには行かない。

この作品をマルキ・ド・サドの「ソドム百二十日」と比較したくなる誘惑をしばしば感じるのは、スカタロジーの類縁ばかりではなく、一にかかってその構築性の論理にある。「家畜人ヤプー」の世界は決して狂気の世界ではない。それはイヤになるほど論理的で社会的で俗悪でさえある。文章自体がとり立てて文学的だというわけでもなく、感覚のきらめくディテールがあるわけでもない。この点でも「ソドム百二十日」とこの作品はよく似ている。

愕《おどろ》くのはただその自由意志による壮大な構築性である。その世界は実にわれわれの社会と同じ支配被支配の論理に立ちつつ、ただそれを露骨千万に押しすすめただけであって、この作品のアナロジーや諷刺を過大評価してはいけない。アナロジーや諷刺は遊びの部分である。瞠目させるのはただ、マゾヒズムという一つの倒錯が、自由意志と想像力によって極度に押し進められるときには、何が起るかという徹底的実験が試みられていることである。一つの倒錯を是認したら、ここまで行かねばならぬ、という戦慄を読者に与えるこの小説は、小説の機能の本質に触れるものを持っている。そこでどんな汚穢《おわい》が美とされようと、その美はわれわれ各自の感受性が内包する美的範疇《はんちゅう》と次元において少しも変りはしないのである。

十四

小説とは何か、という問題について、無限に語りつづけることは空しい。小説自体が無限定の鵺《ぬえ》のようなジャンルであり、ペトロニウスの昔から「雑俎《サテュリコン》」そのものであったのだから、それはほとんど、人間とは何か、世界とは何か、を問うに等しい場所へ連れて行かれる。そこまで行けば「小説とは何か」を問うことが、すなわち小説の主題、いや小説そのものになるのであり、プルウストの「失われし時を求めて」は、そのような作品だった。概して近代の産物である小説の諸傑作は、ほとんど「小説とは何か」の、自他への問いかけであった、と云っても過言ではない。小説はかくて、永久に、世界観と方法論との間でさまよいつづけるジャンルなのである。その彷徨とその懐疑とを失った小説は、厳密な意味で小説と呼ぶべきでないかもしれない。

そこで小説とは、小説について考えつづける人間が、小説とは何かを模索する作業だ、と云ってしまえば、技術的定義に偏して、重要な何ものかを逸してしまう、というところに、又、小説の怪物性がある。「小説の小説」たるジィドの「贋金《にせがね》つくり」や、現代各種のアンチ・ロマンが、ほとんど血の通った印象を与えないのともこれは関わりがある。

小説は、生物《いきもの》の感じのする不気味な存在論的側面を、ないがしろにすることができない。どんなに古典的均整を保った作品でも、小説である以上、毛がはえていたり、体臭を放っていたりする必要があるのである。

この間私は江の島の海獣動物園で、ミナミ象アザラシという奇怪な巨大な海獣を見た。この何ともいえない肥大した紡錘形の、醜悪な顔つきの海獣は、実に無意味な、始末に困る存在であり、かれ自身も自分を持て余しているように見えた。鉄いろの滑らかな体躯を怠惰に寝そべらせ、人が小魚の餌で誘っても、そっちのほうへ向くのは面倒くさいので、まるで見当外れの方向へ、桃いろの口をあんぐりひらいて、結局その餌をアシカにとられてしまっても、恬淡《てんたん》としている無精さであった。水へ飛び込むのも億劫《おっくう》、寝返りを打つのも億劫、だからコンクリートの上で、腹這いになって、ときどき提灯《ちょうちん》なりにちぢめた長い鼻をうごめかせたり、糞をひったりしている。目をあけたり、閉じたり、それにも大した意味はない。住家の大洋からは隔てられ、その巨体と背景とのバランスを失い、全くバランスを失った巨大さが、見物人を興がらせている。置かれるべきところに置かれていないからこそ珍奇さを増し、風の加減で異臭が人々を閉口させ、とにかくいろんな欠点はあるが、自然が何のためにこんなものを作ったのか、という或る莫迦莫迦《ばか》しい疑問で、人々の感興をそそることをやめない。少くともこれは、あの通俗的な鯨なんかよりずっと独創的であり、人々の持っている既成概念に逆らう点で斬新であり、しかも自然の中に完全に埋没した非社会的存在なのだ。

これを見ているうちに、これこそ理想的な小説だ、という感じが私にはした。へんに鋭敏だったり繊細だったりしないのがいい。グロテスクだが健康で、断じてデカダンではない。そしてその主題は、怠惰で肥大した体軀の中におのずから具《そな》わっているのだった。

体臭、動物性、孤独、自然から隔絶されたところでも頑固に保っている自然性、海流に対する紡錘形の形態的必然、会話の皆無と無限の日常的な描写力、人を倦《あ》かせないユーモラスな単調さ、押しつけがましい主題の反復、そしてその糞、……これこそは小説であり、小説が人に愛される特質だった。現代の小説はこのあらかたを失ってしまったのである。

ミナミ象アザラシの小説的特性を数え上げれば、まだまだあった。ただ存在しているだけで十分満たしている意外性の条件、存在の無意味と生の完全な自己満足との幸福な結合の提示、人に存在の不条理について考えさせる力、情熱の拒絶とものうげな自負、そして全体に漂う何ともいえない愛すべき滑稽さ、……これらはいくつかの小説の傑作が、不断に読者に与えて来たところのものである。

彫刻が生の理想形の追求であったとしたら、小説は生の現存在性の追求であった。小説におけるヒーローは、劇におけるヒーローとちがって、糞をひり、大飯を喰い、死の尊厳をさえ敢《あえ》て犯すのだった。

私がこのような感想を以て動物園を離れ、自宅へ帰って読み耽《ふけ》った小説は、しかし、このような小説とは截然《せつぜん》とちがっていた。

それはジュリアン・グラックの「陰鬱な美青年」(小佐井伸二氏訳)である。

ここには冷たい一分の隙《すき》もない知的構成があり、一種の瀟洒《しょうしゃ》な気取りがあり、荒涼とした避暑地のブゥルジョア生活があり、海辺の「魔の山」ともいうべき有閑男女の知的病人の社交界があり、そこにあらわれる主人公の「陰鬱な美青年」アランは、終始一貫、一点の乱れもなく、もちろん大飯も喰わず、糞もひらず、典雅をきわめた姿勢を崩さずに、居ながらにして人々を支配し、ついには自らの死へ端然と歩み入るのである。

私はこの飜訳の硬さ、殊に女の会話の生硬さに、閉口しながら読み進んだが、ジュリアン・グラックの反時代的な趣味、その冷艶《れいえん》な趣、世紀末文学の現代への余響、しかもすこぶる現代的な追究力と主題の展開に、終始魅せられながら読み終った。そしてなかなか小説というものは、ミナミ象アザラシだけでは律しきれないということを、今更ながら覚《さと》った。

ただ本書の解説で、主人公アランを「死」そのものだと決めつけているのはどうかと思われる。私見では、アランは決して「死」そのものではない。彼がはじめから自殺の決意を以てここに現われたことは、登場人物たちにはなかなか気づかれず、ホテルの主人のはしたないお喋りによって、はじめてそれと気づかれるのであるが、作者がアランを形象化して言いたかったことは、死の決意が人に与える透明無類の万能性であろう。生きようという意志がすでに放棄されているのであるから、そのまわりに群がる精神的な死者や知的な病人は、こうした自己放棄に決して敵《かな》わない自分たちを発見して、ごく自然にアランの王権に服するのである。アランの王権は、ただこの一点から発して、すべての人々を圧服してしまう。人々は、アランの謎、アランの不可解に魅せられるが、それは彼がすでに「彼方《かなた》」からこちらを眺めていることに気づかないからである。賭事のいさぎよさも、人間関係における超越性も、アランが決して異類ではなく、ただアランが、人々を瞬時に凍りつかせるような或る視点を獲得したということから起る。このような視点を、グラックはおそらく通常の小説の作者の視点とは異なる、彼自身の作家の視点として設定したものであろう。従って人々はアランにこの世ならぬ目で眺められていることに気づかずに、ひたすらアランを見詰めて彷徨し、その結果、アランの毒にやられてしまう。アランは本来、眺められる存在ではなく、小説の中へ露骨に姿を現わした「見者」なのであるが、彼の美しさがどうしても人々の注視を集めてしまう。しかも彼の肉体的魅力は、実はもはや彼自身から完全に見捨てられたものなのである。

非常に微妙なことを巧みに言い廻すフランス的な文体が、いやでも余分な文学臭を帯びてくることは避けがたい。この不吉で憂鬱なドン・ジュアンは、しかし、現代に憂鬱《スプリーン》の値打を復活させた。それは一九一〇年代以後、たえて顧みられることのなかったものだ。

——それにしても私の読書は何と偏頗《へんぱ》であろう。ジュリアン・グラックの小説を読んで数日後、私は村上一郎氏の短篇小説集「武蔵野断唱」を読み、巻末に収められた「広瀬海軍中佐」という一篇に心を搏《う》たれた。

この短篇集を読んだのは、あの魂をおののかせるような「北一輝論」の著者が、どういう小説を書くのだろう、という純然たる好奇心からであったが、ここでも私が触れたのはミナミ象アザラシからは無限に遠い小説であった。もう言ってもよかろうが、ミナミ象アザラシから無限に遠い、ということは、バルザックから無限に遠い、というのと、ほとんど同じことを意味する。

こう言っては失礼だが、村上一郎氏の小説技巧は、ちかごろの芥川賞候補作品などの達者な技巧と比べると、拙劣を極めたものである。しかしこれほどの拙劣さは、現代に於て何事かを意味しており、人は少くともまごころがなければ、これほど下手に小説を書くことはできない。下手であることが一種の馥郁《ふくいく》たる香りを放つような小説に、実は私は久しぶりに出会ったのであった。そこにこめられた感情が、表現のもどかしさに身悶《みもだ》えし、紺絣《こんがすり》の着物と小倉の袴《はかま》の素朴さを丸出しにし、すべての技巧を安っぽく見せ、自他に対する怒りがインクの飛沫《ひまつ》をあちこちへ散らし、本当は命がけでなくては言えないことを、小説と抒情詩をごっちゃにした形で言おうとしている、その奇矯《ききょう》なわがままが美しいというほかない小説。私はふと吉田健一氏の小説との類似性を、（文体も主題も全くちがうが）、読みながらときどき感じた。

筋というべきものは、戦時中海軍の主計将校になった「俺」が、広瀬中佐の慰霊祭の祭文に感動しつつ自らは死なずに終戦を迎え、戦時中死に接してあこがれを放っていた女性を、戦後思いを遂げて妻として娶《めと》り、貧しい生活の中に児を得ながら、なお例の祭文を心にとどめていて、それがたえず心の憂悶を培う、というだけの話である。

しかしこの短篇ほど、美しく死ぬことの幸福と、世間平凡の生きる幸福との対比を、二者択一のやりきれぬ残酷さで鮮明に呈示している作品は少ない。地上最美の文字ともいうべき祭文の強い暗示力、そこに盛られた圧倒的な「死の幸福」の観念は、いつもこの地上の幸福にのしかかってやまず、村上氏は、最も劇的な対立概念を、おそれげもなく、赤裸のままで投げ出して、氏のいわゆる「小説」に仕立てたのであった。

II

私の小説の方法

一

ここでは、小説の方法について古今東西の学識をふりまわせ、というのではなく、自家用の小説について、秘伝を洩らせ、というほどの註文らしいから、私はできるだけ率直に自分の工房をお目にかけようと思う。

大体、芸術が共通の様式を失って、個々の方法意識によって生れるようになったのが、近代の特徴乃至《ないし》は通弊であり、小説が発達したのはようやく十九世紀になってからであるから、小説はそのまま方法論的芸術ということができるようである。戯曲のように、様式と方法が古典的に確立されたものは、いかに形を崩した近代戯曲といえども、厳密に方法論的芸術と呼ぶことはむずかしい。私がたえず戯曲に心を惹《ひ》かれるのは、小説のこの近代的特性からの逃避でもあるが、それはさておき、方法論的芸術というのは言葉の矛盾であって、小説の芸術としての成立ちのあいまいさは、悉《ことごと》くこの言葉によって象徴されていると言っても過言ではない。

「真の小説は小説に対して発する《否《ノン》》によって始まる。……『ドン・キホーテ』は小説の中で行われた小説の批評なのだ」

というティボーデの有名な言葉は、いやになるほどたびたび引用されて、読者もよく御承知であろう。小説のこの発生的に孤独な状態は、いつも小説を、絵や音楽のような芸術——まちがえようのない芸術——とはちがったものにしている。絵には色彩があり、音楽には音がある。われわれは日常生活においてすら、色彩や音に対しては、芸術的選択をするように慣れている。しかし小説は、言葉、言葉、言葉であって、しかもその言葉は、詩のような音韻法則にも、戯曲のような構成的法則にも縛られていない。

小説はかくて自由である。どう仕様もないほど自由である。どんな下品な言葉を使っても、俗語を使っても外国語を使ってもよろしい。方法も放任されている。ここで私は「なぜ人は小説を書くか？」という大切な問題をわざと除外して物を言っているのであるが、小説は誰にでも書け、又、どのようにでも書ける。長い小説が書きたかったら、五千枚書こうが、(多分出版は難かしかろうが)、短いのを書きたかったら、三枚書こうが、すべて自由である。しかし、小説には古典的方法というものがないから、方法の摸索に当って、批評精神が大きな役割を演ずるのである。「ドン・キホーテ」がそれ以前の騎士道小説に対する批評から生れたように、既成の小説に対する批評を方法論の根本におくことが、小説家の小説を書く上での最大の要請になるのである。

が、前にもいうように、批評↓方法↓芸術、という筋道はしかく簡単ではない。小説が、その方法論的構造をいかにして超克するかは、やはり絵描きにとって色彩と光線が問題であるように、文学の宿命的素材である言葉の問題にかかわって来るのである。

小説を芸術として成立せしめるのは、一にかかって、この言葉、すなわち文体であるといっていい。本講座は「文章講座」ということになっているようであるが、文章という言葉の日本的なあいまいな使い方が、実は私はあまり好きではない。

私は私の使用法に従って、文章という言葉と文体という言葉をわけて考えている。たとえば、「志賀直哉氏はいい文章を書く」と言うのはいい。私は肯定する。しかし

「志賀直哉氏は立派な文体を持っている」と言うなら、私は少し異論がある。これに反して、私の考えでは、「森鷗外はいい文章を書き、かつ立派な文体をもった作家」であり、「バルザックは、悪文家、かつ模範的文体の持ち主」なのである。

文体は普遍的であり、文章は個性的である。文体は理念的であり、文章は体質的である。個性的で体質的なものだけが、小説を芸術として成立たせるというのが、日本的な「芸」の考え方である。また文章は一個人の行為のようなもので、具体性を離れず、直感的にしか伝承されえない。日本の芸道は皆こういう伝承のされ方をし、方法論はかつて顧みられなかった。だからもし純粋に文章だけで成立った小説があるとすれば、それは方法論的芸術とは言えないから、真の小説とも言えないのである。

文体は普遍的であり、理念的である。つまり文体と言われるほどのものは、ある局限された環境の局限された行為や感覚にだけ妥当するものではなく、およそ人間に関係したあらゆるものに妥当しなければならない。浅草のお好み焼き屋の描写にだけ妥当するのは文章にすぎず、文体はもちろんそういうものをも描きうるのみならず、大工場でも政府の閣議でも北極の航海でも、あらゆるものを描き、あらゆるものに妥当する。文体とは、小説家の世界解釈の拠り所なのである。

禅のいわゆる不立文字《ふりゅうもんじ》のような、具体的で直感的な世界解釈は、小説家にとっては無縁であると言わねばならない。小説家はまず言葉を、文字を、拠り所にする。そして文体によって世界を解釈する。

さっき私は文体と対比して、文章を個性的体質的であると言ったが、それはむろんニュアンスの差であって、文体こそ個性的体質的なものが、普遍的理念的なものに揚棄される媒立《なかだち》をするのである。だから一方、哲学や法律学の文は、文を構成する術語がもともと普遍的理念的なものを表現するために作られたものであるから、個性的体質的基盤をもっていない点で、小説の文体とことなる。従ってもし、名文を書く哲学者がいれば、彼は全く体質的なものから直《じか》にその名文の味を、哲学用語のあいだにじみ出させたものと言えようから、彼は「文体の持主」と言うより「いい文章を書く」と言ったほうが適当であろう。

ここで文体の問題は、当然、小説の主題の問題に触れて来ざるをえない。

小説家は文体によって世界と対決するから、おのずから彼が一生に書く小説の主題は、すべて文体の問題に含まれてくるわけである。読者はテーマ小説とよばれるテーマの露出した小説を御承知である。しかしいくら人体の中心は骨格であるとはいえ、レントゲンに映った美人の骸骨は、美人とはいえまい。主題は、小説家が青年時代から徐々に自我に目ざめ、自我と世界との対決を迫られるにつれて、その対決の度合によって、さまざまな変化を示してくる。大筋は一つであるが、彼が小説を書く年齢によって、扱われる主題は多様な変化を示さざるをえない。その主題の拠り所が文体であることは先に述べたが、その主題を小説各部へ伝達するものも亦《また》、文体なのである。

文体の普遍性と理念性なしには、主題は小説のすみずみにまで等分に滲透することはできない。もし文体が十分に普遍的でなく理念的でないと仮定しよう。それによって生れた主題は、当然あいまいなものになるが、小説家は自己の教養体験によって、哲学的な思惟をめぐらして、別の独立した普遍的理念的な主題を考え出すこともできよう。しかし文体はそれを伝達する力が足りない。すると小説のある部分は、具体的個性的な文章で補われるほかはなくなり、小説全体の等質性と均衡は崩れる。小説はいやに理窟っぽい露骨な主題と、いやに感覚的な具体的な描写との、水と油のように溶けあわない妙なごった煮になるだけである。

そこで文体は小説の構成乃至構造の問題にも触れてくる。文体なしに主題はないように、文体なしに構成もありえないのである。細部と細部を結びつけ、それをいつも全体に結びつけるはたらきが、不断にはたらいているためには、文体が活きて動いて行かなければならない。

小説に限らず、一個の作品というものはそういうものであるが、まずそれは一個の全体でなければならない。同時にあらゆる細部が活きていなければならない。そういう作品を作るために、小説家としてわれわれは、方法論をまず展開した。そこからはじめた以上、最後のどん尻まで、われわれは方法論を押しすすめて行かねばならない。細部で挫折して、末梢的な感覚に足をとられたり、詠嘆にわき見をしたりしていたら、すべてが瓦解してしまうのである。

二

大へん原理的な、また、理想的な議論を述べたが、こういう理論によれば、必ず、全体として一個の世界であり同時に完全な細部を持った小説の一傑作が生れるかといえば、そうは行かない。

小説の文体は理論的に作り出されるものではない。言葉の使用法に関する技倆《メチエ》は、不断の訓練からしか生れないのである。

そのためには画家が絵具を、作曲家が音を扱うのとまったく同様な訓練が要る。私はこういう話をきいたが、画家がフランスへ修行に行って帰朝して長足の進歩を見せるということは、必ずしも泰西の傑作に数多く触れたり、海外の新機運に身近かに触れたりした結果ではなくて、実に単純なこと、毎朝きちんと、(描きたい気持があってもなくても)、一定の時間を、画架を前にして坐るという習慣が、外国で自然についてきて、帰朝後もその習慣を遵奉《じゅんぽう》するときに、そういう習慣をもたぬ、行き当りばったりの気分本位で画を描いている画家に比較して、はるかに著しい進歩が見られるということらしい。

実際、小説の方法と言っても道は一つしかなく、かかる不断のメチエの鍛錬がすべてなのである。こういうものを抜きにして語られた小説の方法は空中楼閣に等しい。

しかし世の中には、音痴というものがあるように、言葉の感覚の生れつき鈍感な人もある。そういう人は小説を書かなければよいようなものだが、言葉は日常使っているものであるから、誰でも自由に使いこなせるという迷信があって、文章もなければ文体もない堂々五百枚の自称傑作などが生れて、原稿用紙をいたずらに費消させることになる。

言葉のそれぞれの比重、音のひびき、象形文字の視覚的効果、スピードの緩急……こういう感覚を生れつき持った人が、訓練に訓練を重ねて、ようやく自分の文体を持ち、はじめて小説を書くべきなのである。インスピレーションや人生経験からいきなり小説を書こうという人が跡を絶たないのは、前にも言うように、言葉というものを誰でも自由に扱えるという錯覚、言葉に対する尊敬の欠如に由来するものであろう。こういう錯覚を押し進めたことが、日本の自然主義文学の最大の罪過であったと言っていい。それまでの日本文学の伝統では「言霊《ことだま》の幸《さき》はふ国」というように、言葉に対する敬愛の念がいつも払われてきた。フランスでは今日も払われている。

自然主義文学が作り出した小説の「素朴なリアリティー」が、何故こうまで現代日本人の頭に深くしみ込んでいるのか、私にはほとんど理解しがたい。小説における「まことらしさ」という問題が、大てい、作者とその小説との密着した関係によって保証されるという現状である。

私には、自然主義文学、及びその末流私小説が毒したものは、作家その人よりも、小説の読者であると思われる。小説は正当な読者を失ったのである。つまり読者は小説を小説として読む習慣を失ったのである。

この問題に深入りすると、本題の小説の方法を外れてくるから、近代小説と告白との関係、私小説と近代小説の告白性との関係などの大問題は、伊藤整氏にお任せすることにして、私は日本における小説の読者が、いかに「素朴なリアリティー」にとらわれて小説を読むことを愛するか、という言い古された現象をもう一度提示するにとどめる。

私は小説の方法を論ずるに当って、小説が全く近代的な芸術であり、輸入芸術であって、その点では洋画や洋楽や新劇と少しもかわらないという点を強調したつもりである。こういう強調の仕方は、私が近代小説というものを、芸術上の史的一ジャンルとして限定する態度からきている。この態度を現在もっとも強力に、また論理的に押しすすめつつある批評家が中村光夫氏である。

日本人が西欧文化を輸入するに当って、もっともなおざりにされた問題は、西欧文化の体系性であると思う。なるほど哲学と法律の分野では、それはかなり見事に継受され消化された。しかし芸術の分野では、この点がもっとも閑却されたのである。

大体日本の芸術史は、ほとんどがジャンルの混淆《こんこう》の上に成立ってきた。初期の物語は、歌の詞書《ことばがき》の進化したものであった。戯曲は、文学としてなかなか独立せず、繁多で豊饒な演劇性のなかに放置しておかれた。皮肉にも文学として独立した近松の戯曲は、戯曲というよりも語り物に属するものである。音楽はいつも歌詞に従属してきた。また小説にしても、(ここで故意に小説という定義をひろげるが)、短篇小説と長篇小説は弁別があいまいであり、「堤中納言物語」や後代の「雨月物語」「春雨物語」のような純粋な短篇集をのぞいて、源氏のごとき長篇小説も五十四帖の各挿話から成立ち、西鶴の長篇も連作的形式をとっている。

しかるに西欧では、ギリシャには小説こそなかったが、叙事詩、抒情詩、悲劇、喜劇の時代が、おのおの時を追って展開され、散文もまたアッティカにおいて確立された。ジャンルの弁別は古代から明確にはじまり、アリストテレスの百科辞書的研究によって、古代文化の体系が築かれたのである。

これを文化の構成力と呼んでもいいし、歴史を知的に論理的に押しすすめる力と呼んでもいい。まことに分類の精神なしには、綜合の精神はないのである。小説も西欧に生れた芸術である以上、大ざっぱな言い方ではあるが、文化のかかる論理的構造を内包している。それは同時に、小説を小説として成立たせた力であり、小説を他の分野から独立させ、一つのジャンルとして弁別した分類の精神にもとづいている。小説一つをとってみても、世間でまるで新しいビルを一つ建てるように、「長篇小説の構成」などと呼んでいるものの中にも、西欧文化のこのような性格が、根本的にひそんでいるのである。

従って私は、日本では、小説が「ドン・キホーテ」のように、「小説の中で行われた小説の批評」として成立する前に、まず「小説とは何ぞや」という問題から、書きはじめられなければならないと思う。この原理的な思索が、実は、小説をわれわれが書く上での根本条件になる。それと同時に、このような思索が、日本においては、既成の自然主義末流小説への「小説の中で行われた批評」になることはティボーデのいうとおりである。「われわれは何故小説を書くか?」という問題は、その後の問題である。

三

私は故意に、精神主義的な議論を避けてきたが、それはあまりに言い古されたことであるし、古ぼけた小説の先生が、二言目にふりまわすのは、小説家としての心の問題であって、日本では生花や長唄の師匠をはじめ、小説でもそういう御託宣が重んじられるのは周知の事実である。

小説家は誠実でなければならないか？　そういう質問の出し方が愚劣なのであって、人間は当然誠実であるべきなのだ。そして少し大胆な言い方がゆるされるなら、人間にとってある場合は正直が美徳であり或る場合は嘘も美徳でありうるように、小説家にとってもそうであるにすぎない。小説家だけが誠実を売り物にするのは偽善である。何が小説家の道徳であるかといえば、すべて芸術家の道徳は微妙であって、小説家たるものは、いかに真摯《しんし》に全力をつくして仕事と取組むかということが、最大の道徳である、というほかはなかろう。いくら私生活が修身教科書のようであろうと、小説に対して道徳的でない小説家は、不徳漢である。

私は冒頭で、小説の方法について古今東西の学識をふりまわすのではなく、できるだけ率直に工房を公開する、と書いたが、ここまで読んできた読者は、その点が大いに不満であろうと思う。しかし今まで述べてきた原理的な事柄は、小説を書くに当って、必ず私の念頭に去来する問題である。この問題の複雑さと困難が、私に与える精神的疲労は一通りでない。私の工房を公開するにはこれだけの前置が、どうしても必要な所以《ゆえん》である。

私は小説を書くに当って、まず第一に、大へん困惑している。どう仕様もないほど困惑している。私が日本で、東京の一角で、一篇の小説を書きはじめるということは不可能なのではないかと思われる時がある。だから率直にいえば、私の小説は、この不可能事からの幾分かの妥協にはじまると言っていい。その点で私も不徳漢の一人であろう。

私は少しでもいい小説を書くには、素材を永く温めることが必要であると考えている。それは誰しも考えることであろう。素材に対する鳥瞰《ちょうかん》的な立場を獲得するには、時間が要るのだ。素材の各部分の配分、見とおし、構成、ということは、素材が現実の卵の殻をくっつけているあいだにはできにくい。小説は現実を再構成して、紙上に第二の現実を出現させなければならない。

私にとっては、小説の腹案がうかんだとき、短篇では最後の場面、長篇では最も重要な場面のイメージがはっきりうかぶまで、待つことが大切である。そしてそのイメージが、ただの場面としてではなく、はっきりした強力な意味を帯びて来ることが必要なのだ。ある象徴的ではあるが同時に視覚的な一場面がうかんで来ると、それは視覚的でありながら、音楽的な感動を私によびおこす。私はその音楽を咀嚼《そしゃく》する。その間《かん》に、おそらくその小説の文体が決定されて来るのだ。というと、小説家は、自分の書く小説のそれぞれに文体を変えうるように誤解されるかもしれないが、われわれが自分の肉体を脱け出せないように、文体も個性から完全に離脱することは不可能である。不可能ではあるが、小説家は別に創造の自由の自覚を持っていて、さほど自分の限界を気にかけない。

さてイメージが或る強力な意味を帯びてくる。そこで主題が決定されて来るのだ。私はその主題をのがすまいとあせり、できるだけ手もとに引きとめておき、できるだけゆっくりと咀嚼する。徐々に主題が、各場面を浮き出させ、各場面及び各人物の濃淡と比重を明確にしてくる。

私はイメージが完了し、小説がすでに書かれた如く細部まで浮き上って来るまで待つことはできない。探偵小説なら格別、そうしたあとで書き出しては、創作慾は減退するし、細部はなおざりにされるであろう。しかし全体の知的な見とおしは出来上っている。修正、時には根本的改訂の可能性は当然あるにせよ、全体の青写真はすでに出来上っている。細部はまだ放置されている。……こんな状態が、小説をいよいよ書き出すときの私の愉快な状態である。

尤《もっと》も書き出すやいなや、この愉快な気持はあとかたもなく消失する。一行一行が壁になり、彫刻家のノミに反抗する大理石になる。この作業が、日々の訓練なのだ。ドイツ語のいわゆるターゲヴェルク（日々の仕事）なのだ。兵士にとって、訓練が実戦であり、実戦が同時に訓練であるように、実戦の経験なしに訓練だけで、よい兵士が作られるわけはなく、小説を書かないで素描だけで小説家になれるわけもない。一つの新しい小説の制作は、一つの新しい訓練の場である。忍耐と意志が必要だ。

長篇小説では、作者自身のためにも読者のためにも、緊張した場面のあとに多く息抜きの場面が作られる。そういうとき、息抜きの場面をしっかりと保持するものは、文体の力のほかにはない。文の各細部は緩急強弱のさまざまなニュアンスをもつけれど、文体はあらゆる細部にわたって、同じ質を持続しなければならない。

長篇小説の各章、各節、各段落の切れ目は、うまく行くときに、作者に限りない愉悦を与える。暗示的な会話で、そういう切れ目を作ることは、最も安易な、また最も効果的な手であって、私はしばしばそれをやった。しかし地の文で切れ目を引きしめるほうが、もっと困難ではあるが、もっと渋いやり方である。

長篇小説の結末のつけ方は大へん困難である。泉鏡花のような浪曼派の作家は、そこへきて、奇想天外な手を用いる。鏡花の「風流線」などは、通俗小説と呼んでいいものであるが、結末の短い章「大水牛」へきて、ギリシア悲劇の大詰のように、登場人物の大半をバタバタと殺してしまうのである。そして奇妙なことに、このやっつけの大団円のおかげで「風流線」の読後感は、一種荘厳なものになるのである。独逸《ドイツ》流の教養小説などは、本来、結末のつけられないものであろう。古今東西の大小説家は、大てい主人公の死か、さもなくば出家（パルムの僧院）によってしか、結末をつけることのできなかった作品を沢山書いている。長篇小説は粋がって暗示的に終らすよりも、野暮に大時代に終らすほうが、本筋ではないかと思われる。そこが短篇小説の結末とちがったところである。

さて、作者は小説を書きおわる。最後の一章を書くときの昂奮と幸福感はたとえようもない。しかし書き終って、昂奮のさめやらぬ一夜が明けると、何とも言いようのない虚無感に襲われるのが常である。小説の制作を懐胎と出産にたとえることはよく行われるが、子供を生んでからこんな虚無感に襲われる母親はまずあるまい。この虚無感がもっとも似ているのは、むしろ性交のあとで男性の感じるあの虚無感なのだ。彼は酒を飲む。何日かたつ。そしてまた、同じ虚無感に到達するために、原稿用紙に向うのである。

わが創作方法

一

結論から先に言うと、私の方法的努力は、最終的には、潜在意識の活動をもっとも敏活にするためのものである。私の潜在意識は、無限定無形式の状態では、どうしてもいきいきと動き出さない。ぐにゃぐにゃした混沌《こんとん》の中で、却《かえ》って潜在意識が活潑に動き出す作家もある。私はそういう型の作家ではない。何かで縛り、方向と目的をきっちりと決め、そこにいたる道筋を精密に決めてからでなくては、心が自由にならないのである。

私がいつかきちんとスケジュールを組んだメキシコ旅行をすませてかえってきたとき、メキシコ通の友人が、お前の見てきたのはメキシコではないと言った。メキシコは、行き当りばったりの旅行者、時間かまわぬ気楽な旅人の目にしか、その真の姿をあらわさないと云うのである。なるほどそういうメキシコもあろう。しかし私の見たメキシコもメキシコに他ならない。友人は更に、お前の旅行などはお役人のする旅行で、いやしくも芸術家のする旅行ではないとからかったが、私は必ずしもそう思わない。

ああいう国では、ホテルや飛行機やバスの予約を完全にコンファームしておかないと、思わぬ心労のもとを作りかねない。私は自分の夢想を純粋な形で発揮させるために、どうしてもそういう雑事や、思いがけぬ煩いや、困惑や、にっちもさっちも行かぬ事態や、予定変更などにわずらわされたくないのである。そしてそういう煩労は、旅行の辷《すべ》り出す前に、できるかぎり完全に解決しておきたいのである。そうしておけば、思いがけない喜びには会わないかもしれないが、思いがけない蹉跌《さてつ》にも会わないですむ可能性が多い。そして旅では、誰も知るように、思いがけない喜びというものは、思いがけない蹉跌に比べると、ほぼ百分の一、千分の一ぐらいの比率でしか、存在しないものである。

こういう旅行は、強いて名付ければ、古典主義的旅行法とでも呼ぶべきだろう。そして古典主義はそのまま、方法論の重視と、ジャンルの峻別につながっている。私は自分の本質が古典主義者だとは必ずしも思わないが、方法論上のあきらかな古典主義者である。そしてこういう旅行法では、一年の旅と三日の旅とは、程度の差だけの問題ではなく、全く方法上の別種のジャンルに属する。長篇小説と短篇小説の差が、ただ長さの差だけではありえないように。

小説というものは、芸術という資格の一等あやしげな、もっとも自由で、雑然たる文学形式だということになっている。そしてそれは、生成発展するのが構成上の特長をなすところの、もっともダイナミックな文学上のジャンルだということになっている。その「自由だ」という前提が、各種の問題を孕《はら》んでいるのだが、いやしくも芸術が、制作者と享受者との間の何らかの約束事なしに成立しえないものならば、(これは芸術に限らず、スポーツでもゲームでも、そうである)、小説はこれについて既定の約束事をひとつももたず、その都度、作者の個性に応じて、約束事が作り出され、そしてもっとも重要な、特色ある点は、制作者も享受者もあたかも約束事などはじめからないふりをするという約束があることであろう。

小説形式が伝統的に、ロマン主義的な無形式と個性尊重を抜けきれない以上、これは当然の成行で、個性が先行するところには、古典的普遍的な方式があるべき筈はない。

しかし皮肉なことに、それだからこそ、小説ほど方法意識にわずらわされる宿命を負ったジャンルもめずらしいのである。なぜなら、古典的な方式が当然の前提になっていれば、その先の作業は完全に自由だが、小説がもし本来の使命に従って完全に自由であろうと欲するなら、いやでも方法論が確立されていなければならないからである。

すべて自由の問題にひそむ逆説は、かくてそのまま小説の問題にあてはまる。小説の制作自体は、決して完全に主知的な作業ではありえないが、小説が方法論において、他のどのジャンルよりも主知的たらざるをえぬのはこのためである。

ここに、多くのニセモノ小説の派生する原因もひそむので、方法さえ完全に主知的であれば、小説として力のないものも「小説」の名で通用しがちであり、デモーニッシュな力を全く欠いた作品ですら、小説としての免許証を取得することが起りうる。これはもともと、小説なるジャンルの自由から発生した結果であるにもかかわらず、それ自体、一つの形式主義に他ならず、小説ジャンルに於ては、このように、「自由の生んだ形式主義」という弊害も生れがちなのである。この点で、私はいわゆる「新しい小説」というものに、いつも懐疑的たらざるをえない。

二

話を少し具体的にしよう。

私が一つの長篇小説を書くときの創作方法は、大略次のようである。

第一に主題を発見すること。

小説が「めずらしい材料」を料理して出来上ると思っている人は世間にまだずいぶん多く、中には或る題材を提供してくれて、いつまでたっても私がそれを小説化しないのに腹を立てている人もいる。

材料はどこにもころがっているのである。ただ、或る時点における私の内的な欲求に、ぴったり合う材料というものはなかなかみつからない。私たち小説家は、懐中電灯を手にして暗闇の道を探し歩いている人のようなものだ。ある時、路上のビール瓶のかけらが、懐中電灯の光りを受けて強くきらめく。そのとき私は、材料と共に主題を発見したのである。

ある材料が私に及ぼす魅惑は、はじめのうちは何故それがそんなに魅力があるのかまるでわからないが、無意識のうちに、そのときの私の内的欲求が丁度それに相応するものを、その材料の中に見つけだしているからである。その不可解な魅惑は、材料自体の属性であるというよりも、私自身の内的欲求がそこへ投射されたものである。私はそこに、われしらず、一つの「主題」を発見したのである。

私はしかし、その主題をあいまいな未発見の形のままにしておいて、直ちに制作にとりかかるということはほとんどない。まずその材料を吟味し、ふるいにかけ、エッセンスを抽出しようと骨折る。そして自分が無意識にそれに惹《ひ》かれていた気持を徹底的に分析して、まずすべてを意識の光りの下へ引きずり出す。材料を具体性から引き離し、抽象性にまで煮つめてしまう。

その作業は同時に、主題を自分に引寄せ、自分を徐々に主題に同一化してゆく作業である。従ってそれには時間がかかり、短かくて半年、永ければ数年を要する。その過程で、自分がどうしてもその抽象化された主題に同一化することができなければ、制作を放棄する他はない。

第二に環境《ミリユウ》を研究すること。

さあ、私はこの材料乃至《ないし》主題で小説を書くことに決めた。次の作業は、一度抽象化された主題を、今度はふたたび、できるだけ精密な具体性の中に涵《ひた》す作業である。これはかなり低級な作業で、できるかぎり人の話をきき、足を使い、どんな小さな具体性をも見のがさぬように採録する。

ニュース種の小説であれば、裁判記録や警察の調書までしらべ上げ、全く架空の物語であっても、主要な登場人物に具体性を与えるために、その職業の細目、生活の細目を、念入りにしらべ上げる。もしその人物が会社員であれば、該当する会社にたのみ込み、一日オフィスの椅子に坐らせてもらったりする。

しかしこの段階で、私がもっとも力を入れるのは、風景や環境のスケッチである。われわれは日常生活では、自分の周囲の事物にそれほど綿密な注意を払わない。従って或る地方の人、或る職業人の話をいかに詳《つぶ》さにきいても、その生活感覚はつかめても、環境の、すでに彼自身にとって馴れっこになっている影響力は、具体的につかめない。

小説がフィクショナルなのは正にこの点であって、（自然主義小説もこの点では全くフィクショナルなのだが）、実際の生活人にあっては鈍麻している環境《ミリュウ》の描写を精密にして、読者がその環境描写を通じて、登場人物への感情移入ができるように、手助けしてやらなければならない。

私はそのために、小説の背景となる場所をゆっくりと歩きまわり、どんなつまらぬ事物にも注意を向け、文字でスケッチをとる。そのときの私の印象は、未知の場所であるから新鮮であり、そこに住む人たちの印象とはまったくちがうことは自明の理だが、小説は、新鮮な印象と鈍麻した生活感覚とを、何とかうまく縫い合せ、配合させて、そこに現実よりも強烈な現実を作り出さなければならない。この二つのもののバランスが巧くとれたときに、小説はリアリティーを獲得するものである。

私はいつも人間よりも風景に感動する。小説家としては困ったことかもしれないが、人間は抽象化される要素を持っているものとして私の目に映り、主としてその問題性によって私を惹きつけるのに、風景には何か黙った肉体のようなものがあって、頑固に抽象化を拒否しているように思われる。自然描写は実は退屈で、かなり時代おくれの技法であるが、私の小説ではいつも重要な部分を占めている。

又、やたらむしょうに参考書を買い込むのもこの段階である。術語、方言、特殊社会の用語、隠語（高見順氏は「いやな感じ」で隠語の使用にみごとな効果をあげた）などは、作品の世界の自律性を保障する大切な要件であるから、この段階でよく研究しておかなければならない。

第三に構成を立てること。

これはかなり機械的な作業で、最初に細部にいたるまで構成がきちんと決ることはありえず、しかも小説の制作の過程では、細部が、それまで眠っていた或る大きなものを目ざめさせ、それ以後の構成の変更を迫ることが往々にして起る。したがって、構成を最初に立てることは、一種の気休めにすぎない。

このころから、未《いま》だ書かれざる小説は、すでに何かツルツルした円球のような形を持って来ており、その入口や出口は、なかなか見つからない状態になる。

それをむりに構成しようとする努力は、多くは徒労に終わり、大ざっぱに序破急を決め、大きな波形を想定しておく程度にしておいたほうがよい。私はしかし、どちらかというと演劇的な構成を愛するので、序開きから徐々に葛藤がはじまり、クライマックスにいたる構成は、大ていの私の小説に共通なものである。少年時代に、ラディゲの「ドルヂェル伯の舞踏会」から、クライマックスの極度の強め方を学んだ私には、平面的な展開を喜ばない癖が頑固に残っている。ラディゲのクライマックスの設定は、はなはだ建築的なものであり、私は最初の構成から、クライマックスについてだけは、たえず計算をしつづけている。とにかくそれは高まらなければならない。最後には天井に手が届かなくてはならないのだ。そのためにはどこで膝を曲げ、どこで腰のバネを利かして飛び上るか。

第四に、書きはじめること。

書きはじめるのと同時に、今までのすべての準備、すべての努力は一旦御破算になる。あれほど明確に掌につかんでいた筈の主題は、再びあいまいになり、主題は一旦身を隠し、すべての細部に地下水のようにしみ入って行く。最後に滝になってなだれ落ちるために。

しかし、書きだす前はあれほど容易にみえたすべてのことが、何という困難で充たされてしまうことか。今までの意識的な計算の裡《うち》には、たしかに自分の技倆の範囲の計算も含まれていた筈なのに、これについては、われわれは計画中に、しらずしらず自分を夢みるというあやまちを犯すものらしい。私はかならずも自分の技倆《メチエ》に全然適合しない材料を選んでしまうこともある。それがこんなときになって気がつくのは、それまで夢を振り切れないからだ。しかし自分のメチエの限界をよく知り、決してそれについて夢を見ない作家は、果して幸福だろうか。

ここへ来てはもう方法論もクソもない。私は細部と格闘し、言葉と戦って、一行一行を進めるほかはない。そして物語の展開に行き詰ったとき、いつも私を助けるのは、あの詳細なノオトに書きつけられた、文字による風景のスケッチである。

それは文字をとおして、それを見たときの感動を私の中によみがえらせ、今、私は再びその風景に直面して、そこから何か或る「具体的なもの」を収穫《とりいれ》るのである。それが、地下を流れながら監視している気むずかしい「主題」を満足させたときに、小説はふたたび動きはじめ、呼吸《いき》を吹きかえし、……こうして、何十度、何百度となく、死からよみがえりつつ、一路、終末へ向ってゆくのである。

小説の技巧について

音楽や造形美術は厳密な技術的条件を要求するが、文学はさほどでもないように思われている。文学の素材は言葉であり、言葉については一応の実用的な文章を書けるだけの技術的訓練が、専門化されずにゆきわたっているからである。こうした一般的な文章と専門的な文章との区別が、文章技巧という言葉で素朴に言いあらわされてきた。芸術性が素朴に技巧に帰着された。技巧という言葉は、文学の技術が非常に個別的なものであることを暗示しているようにみえる。

広告美術も「絵」の技術的条件はとおっており、歌謡曲も「音楽」の技術的条件はとおっていることが原則的に要求される。文学だけはその条件があいまいであるように思われ、日本における漢文や雅文の擬古典的文体は、音楽や造形美術の技術的条件に当る役割を持ったもののそれはいわば歴史的な条件であり、本質的な条件ではなかった。本質的な条件は韻文にのみ見られ、この方はむしろ音楽の技術的条件にちかづくのである。

小説というジャンルの拡大は、散文が本質的にもっている「技術的条件のあいまいさ」から発生した。素朴な意味での芸術性のあいまいさである。超現実主義が美術と詩においてだけ成功したのは、美術と詩のもつ本質的な技術的条件がその美学を支えたからであった。このことは本質的な技術的条件のみが能《よ》く超現実主義を成立たせたともいえる。いきおい小説というジャンルの拡大は、技術の極端な個別化と、技術の極端な一般化の二つの極へむかう。個別化は内面へ、一般化は外面へ、前者は人間心理の無限の分析へ、後者は社会と行動の領域へむかう。技術の極端な一般化とは、技術が行動を模倣することにより、言葉を通ぜずに恰《あた》かも行動のエネルギイによって一般化されるような外見を呈することである。個別化も一般化も、散文そのものの技術的条件のあいまいさに復讐して、別の不確定を作品の条件に置いて、技術的条件のあいまいさと相殺させようと試みる。小説のなかにはもはや戯曲的な時間も詩的な時間も流れない。(例外としてモオリヤックとコクトオ) 小説は未来や未知や行動や実存に賭けられ、ジッドと多くの冒険小説とマルロオとサルトルがあらわれる。時間を小説の哲学的主題としたプルウストも、形而上学的な時間のために、小説に従属せしめられた時間を意識的に犠牲に供する。小説に従属せしめられた時間と私が言うのは、作品の質量に何ら偶発的な変化を許さないような時間のことである。

散文芸術の技術的条件のあいまいさは、作品の質量を零《ゼロ》に近いまでに無限にふやした。こうすることによって小説は、ジャンルとしての無限の自由を得、同時に一定の質量が内包する自由を喪った。つまり芸術としての存在理由を喪った。

技巧の問題は、いつも散文の技術的条件の可能性の問題にたちかえってくる。なぜならこの可能性が考えられないところでは、技巧は二次的な従属的な問題にすぎないからである。しかもこの可能性について考えることは言葉について考えることであり、ジェイムス・ジョイスのように自家用の造語にまで進み、この造語の訓練を、音符や絵具に対する感覚的訓練と同様の厳格さで、読者に課するにいたるのである。そこでは、Beausome はBosom＋beauであり、美しい夜の懐又は美人の胸を意味し、Shellyholdersは貝殻のように凹んだ手を意味し、September（九月）は語源的には七月のことであるから、七という感じを消すために、Saptimberと変形される。技術の救済が言語の変形によってはじめて純粋になされるのである。これは偶然、漢字のような象形文字を濫用することとの視覚的効果に似ているが、ジョイスの造語は近代的な小説の方法がゆきついた一つの極地を暗示している。それは一定の観念・一定のイメイヂのために既成の言葉を犠牲に供するという方法である。個別化の方法が言葉の個別化にまで進みしかも言葉――芸術の素材としての――の本質的な伝播力にたよって、文学に純粋な技術的条件を課そうとしたのである。

近代の小説が行きついた究極の技術的な試みが近代の小説の根本的な欠陥の補塡《ほてん》であったとは面白いことだ。ジョイスはここで再び技術的な芸術を要請したのである。なぜならこの根本的な欠陥の補塡なしには、小説の技術は技術としての安定を得ず、新らしさは新らしさにとどまって忽《たちま》ち置き去られるほかはなく、又しても小説は、技術を蔑視しながら技術に追跡され、脅やかされるほかはないからである。

私はこう書きながら故意に方法という言葉を避けている。近代の小説では方法論は作品の思想であり、私がここで技術といい技巧というのは方法の純粋に技術的な側面のみを指すからである。方法は更新されようとも、技術的な安定，というよりは技術的な限定なしには、作品は真の芸術となりえない。単に手段的な技術は慣用によってマンネリズムにおちいる他なく芸術上の各々のジャンルに共通する絶対的なイデアへの道はそこからはひらかれない。

小説というジャンルを可能性の面でとらえることが廿世紀の文学の一般的な傾向になった。それが散文芸術の技術的条件のあいまいさから来ていることは前に述べた。ジョイスは廿世紀的方法の極限にすすみ、そこでこの根本問題に立ちかえった。ジョイスは成功したか？

むしろ小説というジャンルを限定する作業が私にとっての最大の問題である。このジャンルは厳密な意識的な技術的条件をもたぬために、技術の安定を欠き、本質的な自由を失い、芸術としての自律性を欠いているのである。小説はしたがって、詩よりも造形美術よりも音楽よりもはるかに小さなジャンルである。この小さなジャンルの厳密な計量にもとづいて、小説の技術的条件が発見されなければならない。つまり誰もがそこを通れる門、しかもそこを通ることによって明瞭な芸術性の弁別がなされる門がひらかれねばならない。川端康成が掌《たなごころ》小説で試みたことは、こういう門の設定であった。レイモン・ラディゲが「ドルヂェル伯の舞踏会」でひらいた門もこのような門であった。前者は詩の方法へ近づき、後者は戯曲の方法へ近づく。——何故そうであろうか？　小説の純粋性の吟味が何故詩や戯曲に近づくのであろうか？　私のジャンルの限定の意図も他ではない。芸術上の各ジャンルの完全な弁別こそ、各ジャンルの完全な交感をもたらすものなのである。一ジャンルの古典的完成は、他のジャンルの理想的な形態と同質のものであり、そういう一点をとおることなしに芸術はありえない。イデアの影を宿したものはかたみに呼び合う。

小説のジャンルを厳格に限定する場合、私はそれを他のジャンルの試金石でためしてみて、純粋な小説の所在を発見するのがよいと思う。こうして他のジャンルが篩《ふる》い去ったあとに残った砂金が小説であろう。この小説の技術的条件は、さらに言葉の——国語の——吟味の上に成立つ。私にはまだそれがどういうものになるか予見することはできない。

むかし小説の質量そのものであった文章技巧が、今度は逆に小説の抵抗感をためすために駆使されねばならない。戯曲や詩の条件が小説に課せられ小説の抵抗感が試される場合に、技術は戯曲に荷担し詩に荷担する。

戯曲の条件をまず小説に課そう。このときまず、技巧は小説を小説から引き離し、戯曲のほうへ連れ去る力として作用しなければならない。こうして技術に追跡されない小説の形態が泛《うか》び上って来るように誘われる。小説技巧はマイナスに作用せねばならない。

戯曲というジャンルから小説がうけとり、それによって小説が己れを識るに益するものは少なくあるまい。戯曲は表現のための最も端的な形態であり、描写による間接的な表現を要しない。また思想や観念は、瞬時に観客の耳をすぎるセリフの一回性のうちに表現されるか、作品全体の象徴的効果として表現されるか、どちらかしかない。又そこでは時間が空間のうちに的確にとらえられており、しかもこの時間は、正確に計算され偶発性を残さない。……

技術が全く象徴化され、作品の質量の抽象的な単位になりきるとすれば、それはその小説を時間に似た構造へみちびくことになる。時間芸術としてもっとも純粋な形態であり、そこには戯曲のようなセリフもきこえず、ただ冷厳な時を刻む音だけがきこえる。

私にとっては久しい夢想の形態であるこのような小説。——小説の進行は汽車のダイヤのように正確に決定され、読者に与えるおどろきは、一時五分着の汽車が一秒のちがいもなく到着することのおどろき、ただ正確さの与えるおどろきであって、それ以外のものでは一切読者をおどろかせぬという決心で構築された小説。未見なもの・思いがけぬもの・突然の生起が、すべて待ちこがれていたものに出会った場合のような自然な感情でえがかれ、未来と過去が小説内部の各瞬間において、磁石のように親しく接吻する小説。作中人物の死に当っては、その柩《ひつぎ》の大きさと身長とがぴったり合って一分の隙《すき》もない小説。作品そのものが一つの大きな感動的な偶然であるために、作品の内部では注意ぶかく偶然性が排除され、どのような偶然の出会いも偶然の動作もなされず、一度たりとも骰子《さいころ》の振られない小説。すべてが星座のように動く小説。貸借対照表のような潔癖な均衡が、終始一貫漲《みなぎ》っている小説。……

——一九四九、一、一七——

極く短かい小説の効用

思いつくままにあげてみるなら、メリメの「トレドの真珠」、ポオの「楕円形の肖像画」「妖精《ようせい》の島」、リラダンの「白鳥扼殺者《やくさつしゃ》」「ヴィルジニイとポール」、ラディゲの「花売娘」、ラフカディオ・ハーンのいくつかの小品、里見弴氏の「椿《つばき》」「伊予すだれ」、川端康成氏の掌篇小説、「雨傘」「夏の靴」「有難う」など、堀辰雄氏の「眠っている男」「死の素描」「風景」それから書き落したが、ヤコブセンの一番美しい作品「ここに薔薇あらば」、アポリネエルの多くの小品。

こんな風に数えたてると、世界掌篇小説全集ができそうである。宝石函のような小さな美しい全集ができそうである。

人間の精神のなかには、大きなものへの嗜好《しこう》と同時に、小さなものへの嗜好がひそんでいる。小さなものの中へ自己を凝縮しようとする欲求は、大きなものの中へ自己を拡充しようとする欲求と、究極においては同じものらしい。王朝時代の淑女は部屋一杯にひろがるようなスカートをはいた。それと同時に、彼女たちは小さな指環の意匠に奇巧を凝らしたのである。

作品というものは作者の身幅に合った衣裳であってはならない。自分自身になり切ったとき作者は死ぬのである。ところが作者の身幅に合った衣裳は、あたかも作者が自分自身になり切っているかのような錯覚を読者に与える。自分自身になり切ったら作品は書けない筈なのを、なおかつ、自分自身になり切ったかのごとき作品が存在するのはおかしい。そこには何かまやかしがなければならない。そのまやかしとは、作者と作中の主人公が同一人であるというトリックだ。私小説が非難されるのはこの点であろう。尤《もっと》も私は志賀直哉氏の暗夜行路などは、いわゆる私小説だと考えていない。

たとえば禅が不立文字《ふりゅうもんじ》をとなえるのは、禅というものが、「自己自身になりきること」を直接の道標とするからであろう。自己自身になりきることが一生の道標である点では、文学もかわりがない。ただそれが直接の道標ではないだけである。直接の道標であれば作品は要らない。しかし文学にも「自己自身になりきること」をまったく目睹《もくと》しない文学がある。それを啓蒙文学といい、他者のための文学といい、あるいはイデオロギー文学という。作品にイデオロギーの出ている事が悪いのではない。最後の道標を見失いがちなのが悪いのである。

一生の果てに、瀕死《ひんし》の瞬間に、自己自身になりきろうと目指す文学がある。それを純粋な文学と私は呼ぼう。作家は末期《まつご》の一声を美しく歌おうがために、一生を沈黙のうちに暮すという。白鳥は末期の瞬間に自己自身になりきった沈黙を味わうがために一生を語りつづけ喋りつづける。白鳥の一生の沈黙と、作家の一生の饒舌と、それは畢竟《ひっきょう》同じものである。

長い生涯には、安易にたやすく自己自身になりきれるかのような幻影で作家をさし招く無数の誘惑がある。たとえば生活からの誘惑がそうである。生活の場では、小羊の皮をかぶった狼ならぬ、人間の皮をかぶった非人間がうようよしている。かれらはみんな「俺こそ人間だ」という顔をしている。かれらは実に見事に自己自身になりきっているかのような仮装をしている。それがあつまって民衆というものになる。迷うことが本分である芸術家が、この確乎たる、大悟徹底している民衆というものに憧れるのも無理はない。

安易に自己自身になりきれるかのような無数のわなからのがれるために、純粋な作家は遠まわりを余儀なくされる。それも誰よりも遠い、一番遠い遠まわりを。——従って純粋な作家の方法論は、不純のかたまりでなければならぬ。そうでなければ、その純粋さは贋《にせ》ものである。一つの純粋さのために千の純粋さが犠牲にされねばならぬ。

莫大もない長篇小説が、千九百年代の作家が純粋を守る一つの方式になった。プルウストがそうである。トマス・マンがそうである。彼らは別に社会をえがこうとしたのではない。この困難な時代に純粋さを守るためにはそれほど尨大な手れん手くだを必要とすることを、彼らはよく承知していたのである。安易に自己自身になりきれるようなわなを十九世紀人が無数に発明しておいてくれたのだが、十九世紀人が一人もそれに引っかからなかった代りに、廿世紀人は続々と引っかかった。芸術家は歩き難くなるが民衆は歩き易くなる。つまり自分用のわなに落ちていれば安心だからである。廿世紀は絶望の世紀ではなくて楽天主義の世紀である。こう戦争ばかりあっては楽天家にならざるをえないではないか。

純粋への欲求は、尨大な長篇小説へと向うと共に、最小限の極限値をもつ掌篇小説へも向いうる筈である。私は尨大な長篇小説も、小説としては小さすぎる掌篇小説も共に様式として最も不純な様式だと思う。自分の体にぴったり合った衣裳は低度の純粋さをもった様式だから、そこでは一の純粋さのために十の純粋さをしか犠牲にすることができない。しかし尨大すぎる長篇小説や小さすぎる掌篇小説という不純きわまりない様式は、いやでも一の純粋さのために千の純粋さを犠牲にする事を要求する。それは悪者のたくらみである。尨大すぎる長篇や、小さすぎる掌篇を書こうという時、人はもうあの「誠実な顔」はしていられない。大きすぎることも悪である。小さすぎることも悪でなければならぬ。

長篇小説は一の純粋を得るために千の純粋さを犠牲にするというそのおそるべきマッキャヴェリズムを作品のなかで演じてみせるのである。極く短かい小説はそのおそるべきマッキャヴェリズムを作品から完全に閉め出してしまうのである。手れん手くだが作品の中で行われるか、外で行われるかのちがいにすぎぬ。おそるべきマッキャヴェリズムはどのみち完全に遂行されねばならぬ。この手れん手くだの質量を持たない作品は現代に生きることはできない。一篇のすぐれた長篇小説と等しい質量をもたない掌篇は無意味である。一篇のすぐれた掌篇小説と等しい質量をもたない長篇小説は無意味である。長篇小説は陸上に運ばれた氷山の全形である。（例えば都会の真中に氷山を運んできた様な壮麗な脅威を与えない長篇小説は無意味である)。掌篇小説は、水の上に現れた氷山の一部分である。

話を掌篇小説に限ってみるならば、このダイヤモンドのなかには誰も入って来てはならない。ダイヤモンドはあたかも水から成立っているように透明であるが、水もダイヤモンドのなかへ入ることは出来ない。光線とそれに伴って人の視線だけがダイヤモンドの中へ入ることができる。その時もはやこの光輝と透明を得るために払った工人の犠牲は人の目に映らない。

現代に生きるために二つの方法がある。

現代に生きる事の困難を説き、そのいたましい教説を一つの象徴に迄高めようとする方法が一方にある。この方法に従う人は莫大もない天文学的長篇へ向うべきである。現代に生きる事の困難を、ありのままに語れば嘘になると感じる人のとるべき方法が一方にある。その人は内在する困難が絶対に人の目に映らぬまでの透明さを求める決意をすべきである。然《しか》し作家は死の瞬間迄沈黙する事はできない。こういう人にとっては、極く短い小説への道がある。

この二方法を同時にやろうとする人は両方をやるがよい。この二方法の間におそらく分裂は来ないであろう。

真に現代に生き現代の困難を知ろうとする作家は、「極く短かい小説」の制作によって学ぶ所が少くあるまいと私は信ずる。その制作によって、彼は現代に純粋さと透明さを発見しそれを守る事がいかに困難であり、又彼自身がいかにそれらを圧殺しつつ気楽に生きていたかが分るであろうから。そしてそれによって、あるいは現代における詩というもののあり方詩の異常な困難が、理解されるかもしれないから。

法律と文学

本学の法科学生であったころ、私が殊に興味を持ったのは刑事訴訟法であった。団藤重光教授が若手のチャキチャキであった当時のこととて、講義そのものも生気溌剌《はつらつ》としていたが、「証拠追求の手続」の汽車が目的地へ向かって重厚に一路邁進《まいしん》するような、その徹底した論理の進行が、特に私を魅惑した。私のもっともきらいなのは、一例が行政法のような、プラクティカルな、非論理的な学科であった。

半ばは私の性格により、半ばは戦争中から戦後にかけての、論理が無効になったような、あらゆる論理がくつがえされたような時代の影響によって、私の興味を惹《ひ》くものは、それとは全く逆の、独立した純粋な抽象的構造、それに内在する論理によってのみ動く抽象的構造であった。当時の私にとって、刑事訴訟法とはそういうものであり、かつそれが民事訴訟法などとはちがって、人間性の「悪」に直接つながる学問であることも魅力の一つであったろう。しかも、その悪は、決してなまなましい具体性を以て表てにあらわれることがなく、一般化、抽象化の過程を必ずとおって、呈示されているのみならず、刑事訴訟法はさらにその追求の手続法なのであるから、現実の悪とは、二重に隔てられているわけである。しかし、刑務所の鉄格子がわれわれの脳裡で、罪と罰の観念を却《かえ》ってなまなましく代表しているように、この無味乾燥な手続の進行が、却って、人間性の本源的な「悪」の匂いを、とりすました辞句の裏から、強烈に放っているように思われた。これも刑訴の魅力の一つであって、「悪」というようなドロドロした、原始的な不定形な不気味なものと、訴訟法の整然たる冷たい論理構成との、あまりに際立ったコントラストが、私を魅してやまなかった。

　また一面、文学、殊に私の携わる小説や戯曲の制作上、その技術的な側面で、刑事訴訟法は好個のお手本であるように思われた。何故なら、刑訴における「証拠」を、小説や戯曲における「主題」と置きかえさえすれば、極言すれば、あとは技術的に全く同一であるべきだと思われた。

　ここから私の、文学における古典主義的傾向が生まれたのだが、小説も戯曲も、仮借なき論理の一本槍で、不可見の主題を追求し、ついにその主題を把握したところで完結すべきだと考えられた。作家は作品を書く前に、主題をはっきりとは知っていない。「今度の作品の主題は何ですか」と作家に訊くのは、検事に向かって「今度の犯罪の証拠は何ですか」と訊くようなものである。作中人物はなお被疑者にとどまるのである。もちろん私はストーリィやプロットについて言っているのではない。はじめから主題が作家にわかっている小説は、推理小説であって、私が推理小説に何ら興味を抱かないのはこの理由による。外見に反して、推理小説は、刑事訴訟法的方法論からもっとも遠いジャンルの小説であり、要するに拵《こしら》え物《もの》である。

こんなわけで、私は大いに刑訴に興味を持ったが、それ以上専門的な勉強は何一つやらなかった。これも当然のことで、法律学は私にとって、いつか完全に文学的に変形され、法律学自体への、学問的興味はなかったのである。私はかくて一個の生彩のない学生であり、今思い出しても、別段学生生活のたのしさというようなものは思いうかばない。母校の大学に対してセンチメンタルな愛情を抱くことができないのは、また一つには、学校のかえりにコーヒーひとつ吞めないような時代に、学生であったことにもよるのであろう。

私の小説作法

以前、法制史を研究している友人が、お前の小説のメトーデ（方法）は、法制史のメトーデと同じだから、わかりやすい、といってくれたことがある。

私は法制史の勉強はしたことがないが、法律は学校で多少かじったことがある。なかんずく、小説の方法に似ているな、と思ったのは、刑事訴訟法であって、刑事訴訟法の講義をきくのは面白かった。

何もこんなことをいって、アカデミックぶるわけではないが、物のたとえだと思ってきいていただきたい。刑事訴訟法は手続法であって、刑事訴訟の手続を、ひどく論理的に厳密に組み立てたものである。それは何の手続かというと「証拠追究の手続」である。裁判が確定するまでは、被告はまだ犯人ではなく、容疑者にとどまる。その容疑をとことんまで追いつめ、しかも公平に審理して、のっぴきならぬ証拠を追究して、ついに犯人に仕立てあげるわけである。

小説の場合は、この「証拠」を「主題」に置きかえれば、あとは全く同じだと私は考えた。小説の主題というのは、書き出す前も、書いている間も、実は作者にはよくわかっていない。主題は意図とは別であって、意図ならば、書き出す前にも、作者は得々としゃべることができる。そして意図どおりにならなくても傑作ができることがあり、意図どおりになっても意図だおれの失敗作になることがある。

主題はちがう。主題はまず仮定（容疑）から出発し、その正否は全く明らかでない。そしてこれを論理的に追いつめ、追いつめしてゆけば、最後に、主題がポカリと現前するのである。そこで作品というものは完全に完結し、ちゃんとした主題をそなえた完成品として存在するにいたる。つまり犯人が出来上がるのである。

もちろん刑事訴訟でも、証拠不十分で、元の木阿弥《もくあみ》になる訴訟はたくさんあり、小説でも、最後のどんづまりになって、主題がうまいぐあいにポカリと現われてこず、作品として失敗する例は数多い。しかし、そこへゆくまでは、仮定に立って、論理で責めて責めてゆくほかはないのである。

手続法は審理がわき道へそれて時間を食うことを戒めており、いつもまっすぐにレールの上を走るように規制されている。私の考える小説もそうであって、したがって私の小説には、およそわき道へそれた面白さというようなものがない。しかし、それは作家の性格であって、一概に小説とはむだ話の面白味だなどというのは俗論である。

法律構成は建築に似たところがある。音楽に似たところがある。戯曲に似たところがある。だから、小説の方法論としては、構成的に厳格すぎるのであるが、私は軟体動物のような日本の小説がきらいなあまりに、むしろこういうリゴリスム（厳格主義）を固執するようになった。私には形というものがはっきり見えていなければつまらない。

したがって私の小説は、訴訟や音楽と同じで、必ず暗示を含んでごくゆるやかにはじまり、はじめはモタモタして、何をやっているのかわからないようにしておいて、徐々にクレシェンドになって、最後のクライマックスへ向かってすべてを盛り上げる、という定石を踏んでいる。私にとっては、これがすべての芸術の基本型だと思われるので、この形をくずすことはイヤである。

こういう私の性格は、残念なことに、毎回が短い連載形式には全く合わない。そういう形式では最初の数回が勝負であるのに、私は最初の数回で切札を見せるのがきらいだからである。そこで読者は、最初の数回にちっとも発展が見られないので、退屈して投げ出してしまい、いよいよクライマックスにさしかかるころには、もうだれも読んでいる人はいないのである。

法学士と小説

東大法学部出の小説家というと、私の知る限りでは、大仏次郎氏と林房雄氏と私の三人だけで、この三人にはっきりした共通の特色でも見つかれば、人間の一生の仕事、それも個性的な仕事における大学教育の影響力がつかめるわけであるが、あいにくそんなものは見当らない。強いていえば、大仏氏がフランス革命に、林氏が明治維新に、私が二・二六事件に、特別の興味を寄せて来た点はあるが、これも偶然の一致といえぬわけではない。

ジッドが「プレテキスト」の中で、「芸術家にもっとも必要な天賦は官能性である」と述べて、暗に自分にそれが欠けていることを認めている口ぶりであるが、官能性は、日本式にいえば、色気といいかえてもよかろう。なるほど色気の欠けていることは法学士の通弊かもしれない。表現上の色気のみならず、実生活でも、大仏氏がドン・ファンだという噂はきいたこともなく、林氏も思想の道楽こそさんざんやったが、恋に命を賭けたというほどの話はきいたことがない。恥かしながら私も、この両先輩の驥《き》尾《び》に附して、色気のないことおびただしく、この間も大宅壮一氏から、

「もっと道楽をしなければ、えらい小説家にはなれませんよ」

と忠告を受けたばかりである。

しかし大きな構想だの、論理的な構成力などという点になると、法学士は大いに利点を持っているようであって、私もあるとき、同級の法制史専攻の学者から、

「お前の小説のメトーデは、法制史のメトーデとよく似ている」

と褒められたおぼえがある。

小説とはつくづく厄介な仕事で、情感と理智がうまく融け合っていなければならない。それも情感五〇パーセント、理智五〇パーセントというのでは、釣合のよくとれた良識ある紳士にはなれても、小説家にはなれない。理想的には情感百パーセント、理智百パーセントほどの、普通人の二倍のヴォルテージを持った人間であるべきで、バルザックも、スタンダールも、ドストエフスキーも、そういう小説家であった。

日本人の間からは、体力のせいもあって、こういう超人的怪物が出にくいのではないか、と思われるふしがある。一般人を百とすれば、せいぜい百二十ぐらいが超人の限度であって、その百二十のなかの配分によって、それぞれの才能が決るわけだが、法学士の小説家は、なまじ法律を勉強したばかりに、そのうち七〇パーセントぐらいを理智に奪われてしまうのではないかと思われる。

そんなわけで、法律をやったことが是か非か、なかなか結論が出せずにいた私であったが、思わぬことから裁判に巻き込まれ、「宴のあと」という小説がモデルのプライヴァシーを犯しているとのことで、民事法廷の被告席に立つことになった。

大学卒業以来、十五年ぶりで六法全書がふたたび机辺にあらわれ、大学で眠い目をこすりこすり講義をきいていたときには、まさか将来自分の身に関わりのあるものになるとは思っていなかった民事訴訟法の中へ、いつのまにか被告として組込まれている自分を発見した。これは実にふしぎな気分のする経験であって、たとえていえば、深夜眠りの合間に、遠い救急車のサイレンをきいて、ああ、又誰か怪我をした、しかし俺には関係ない、と思いながら、ぬくぬくと又、眠りに身を沈めていた人が、あるとき突然、救急車の中へ運び込まれている自分に気がつく、といった種類の経験である。そのとき救急車についてかつて学んだ知識が幾分でも役に立つかといえば、そういうものでもなく、呆然と担架で運ばれて、荷物のように救急車に放《ほう》り込まれたときに、そんな知識が何らかの役に立つとも思われない。それに恥かしながら、大学ではいたって不勉強で、こんな場合の応急処置については何一つ思い浮ばなかったのである。

法廷に立つと、多少法学士としての自信がよみがえって来る気もしたけれど、よく考えてみれば、法廷というものは、法学士を裁くためにあるのではない。法律の知識など一つもない人同士の争いを、代理人としての弁護士が法律構成をする仕組みになっているわけであるが、その実際の原告被告は、欲もあれば夢もあり、喜びもあれば憎しみもあり、悪意もあれば嫉妬もあり、さまざまの人間の情感にあふれた、生《なま》の、現実的存在でなければならず、そういう生の人間として、あくまで対等の当事者でなければならない。法学士もへったくれもないのである。

そういう点から考えると、私はわれながら、或るハンディキャップを背負っていると考えざるをえなかった。情感をつのらせ、しかもそれを理智で抑制して、バランスをとりながら書きつづける小説という仕事が、私という人間から、徐々に、生の、自然な要素を奪い去っていることがよくわかってくる。相手が頭から湯気を立てて怒っていればいるほど、こちらは小説家的観察力のおかげで客観的になってゆき、とても相手と同じ熱度で怒る気にはなれぬどころか、却《かえ》って可笑《おか》しくなってくる。……

そういうことが、社会生活においていかに不利であり、いかに人の同情を惹《ひ》くことが少いか、という点に思いを致すと、私は、自分が小説家であることを怨《うら》むべきか、法学士であることを怨むべきか、どっちつかずの心境になるのであった。

法律と餅焼き

電熱器ばやりの今の人には火鉢と云ってもピンと来ないだろうが、むかしは炭火をカンカン起して、鉄の網を五徳にのせて、東京人が「おかちん」と呼ぶところの餅を、火鉢で焼いて喰べるのが、冬の夜の家庭のたのしみの一つであった。

その鉄の網目の模様がコンガリと焼けた餅にのこり、私たちは、熱い餅をフーフー吹きながら、醬油をかけて、おいしく喰べたものだ。

さて、いくら早く焼きたいからと云って、餅を炭火につっこんだのでは、たちまち黒焦げになって、喰べられたものではない。餅網が適度に火との距離を保ち、しかも火熱を等分に伝達してくれるからこそ、餅は具合よく焼けるのである。

さて、法律とはこの餅網なのだろうと思う。餅は、人間、人間の生活、人間の文化等を象徴し、炭火は、人間のエネルギー源としての、超人間的なデモーニッシュな衝動のプールである潜在意識の世界を象徴している。

人間というものは、おだやかな理性だけで成立っている存在ではないし、それだけではすぐ枯渇してしまう、ふしぎな、落着かない、活力と不安に充ちた存在である。人間の活動は、すばらしい進歩と向上をもたらすと同時に、一歩あやまれば破滅をもたらす危険を内包している。ではその危険を排除して、安全で有益な活動だけを発展させようという試みは、むかしからさかんに行われたが、一度も成功しなかった。どんなに安全無害に見える人間活動も、たとえば慈善事業のようなものでも、その事業を推進するエネルギーは、あの怖ろしい炭火から得るほかはない。一例が、プロヒューモ氏は、例の醜聞事件以後、すばらしく有能な慈善事業家として更生しているそうである。

人間の餅は、この危険な炭火の力によって、喰えるもの、すなわち社会的に有益なものになる。しかし、もし火に直接に触れれば、喰えないもの、すなわち社会的に無益有害なものになる。だから、餅と火のあいだにあって、その相干渉する力を適当に規制し、餅をほどよい焼き加減にするために、餅網が必要になるのである。

たとえば殺人を犯す人間は、黒焦げになった餅である。そもそもそういう人間を出さないように餅網が存在しているのだが、網のやぶれから、時として、餅が火に落ちるのはやむをえない。そういうときは、餅網は餅が黒焦げになるに委《まか》せる他はない。すなわち彼を死刑に処する。餅網の論理にとっては、罪と罰とは一体をなしているのであって、殺人の罪と死刑の罰とは、いずれも餅網をとおさなかったことの必然的結果であって、彼は人を殺した瞬間に、すでに地獄の火に焼かれているのだ。そして責任論はどこまで行ってもきりがなく、個人的責任と社会的責任との継目は永遠にはっきりしないが、少くとも、殺人という罪が、人間性にとって起るべからざることではなく、人間の文化が、あの怖ろしい炭火に恩恵を蒙《こうむ》っているかぎり、火は同時に殺人をそそのかす力にさえなりうるのである。かくて、終局的に、責任は人間のものではないとする仏教的罪の思想も、人間には原罪があるとするキリスト教的罪の思想も生れてくるわけであるが、餅網の論理は、そこまで面倒を見るわけには行かない。

ただ、餅網にとっていかにも厄介なのは、芸術という、妙な餅である。この餅だけは全く始末がわるい。この餅はたしかに網の上にいるのであるが、どうも、網目をぬすんで、あの怖ろしい火と火遊びをしたがる。そして、けしからんことには、餅網の上で焼かれて、ふっくらした適度のおいしい焼き方になっていながら、同時に、ちらと、黒焦げの餅の、妙な、忘れられない味わいを人に教える。

殺人は法律上の罪であるのに、殺人を扱った芸術作品は、出来がよければ、立派な古典となり文化財となる。それはともかくふっくらしていて、黒焦げではないのである。古典的名作はそのような意味での完全犯罪であって、不完全犯罪のほうはまだしもつかまえやすい。黒焦げのあとがあちこちにちらと残っていて、そういうところを公然猥褻物陳列罪だの何だのでつかまえればいいからである。それにしても芸術という餅のますます厄介なところは、火がおそろしくて、白くふっくら焼けることだけを目的として、おっかなびっくりで、ろくな焦げ目もつけずに引上げてしまった餅は、なまぬるい世間の良識派の偽善的な喝采は博しても、ついに戦慄的な傑作になる機会を逸してしまうということである。

Ⅲ

私の文学

私の文学の表現しようと企てているものが「時代」とその意味とであるところに書いたら、私の小説を読んだことのない人はなかなか殊勝な心掛けをもった新人がいると吹聴してくれるだろうし、私の小説を二三卒読してくれた人は呵々《かか》大笑して私の戸惑いを笑うだろうし、また、私の友人の幾人かはあいつもいよいよ時世におもねった物言いをおぼえやがった、もう附合うのは御免だというであろう。それくらい私は誤解されている。というよりも、私の文学が独り合点で、人に誤解されたがっているような書き方をわざとしているとしか思えないのが悪いのであろう。私がまた、人に誤解されることが妙に好きで、誤解された自分を押し立ててその裏で告白をする喜びに少し重きをおきすぎた報いであろう。ところが誤解という麻薬は、一度味わったら忘れられないふしぎな秘密の甘味があるもので、古来、終生誤解のなかに生きた孤独の作家などという奴は、人の知らない麻薬の味を知って、われからそれに耽溺《たんでき》したのではないかと疑われる節が多いのである。

日本の明治以来の文学で「時代」を扱い、時代の推移、時代思潮の対立、などをテーマにした小説は数しれぬほどある。しかし自分の生れていない時代のことだからそう高飛車にいえるのかもしれないが、それらに描かれた明治の御一新の時代のどんで ん返し、その過渡期に生きた青年の悩みというものにあまり信用のおけない気がするのである。それを文学に扱う場合に、ある社会的、経済的地盤の崩壊、乃至《ないし》推移を多かれ少なかれ背景の一部に意識しなければならぬことは当然といえば当然であるが、そういう要素をすっかり除いて、さて「明治維新の青年の時代の悩み」は何であったかと考えると方途に迷う気がするのである。もちろん「時代の悩み」というものを政治的、社会的、経済的背景をぬきにして考えようとするのは誤まりであろう。とはいえそれらすべてをぬきにして「時代の悩み」だけを抽象化してとりだして見ようとする我々の企図が誤まりだとしても、その時代時代の青年の心にはきっとそういう抽象化された「時代の悩み」が生きていたにちがいない。そういうすべての外的なものと切り離された「時代の悩み」はそれと時代をともにしたもののみが知りうるので、そして時代とともにもっとも早く滅びゆくものもこの種の悩みで、おそらく同時代人の青春時代だけに生きたのち、その人たちの老後には枯れ果てて記憶もとどめなくなるものかもしれない。それだけにこの種の悩みは生き物であり、時代の本質はそこに宿るのだとも考えられるし、それは時代という自然から生れ出た一羽の黒い不吉な蝶々、早世の蝶々とも見られるであろう。後世の文学者は意識するとせぬとにかかわらず、その時代を扱った文学の中に、この一羽の黒い蝶々を生々とはばたかせようと願わなかったものはあるまい。そこで蝶の生れた外的な自然の背景を十分描いた上で、おのずとその森や小川や草原から一羽の蝶が生れるのを待つ方法が一つ考えられる。政治的、社会的、経済的背景に時代の悩みを帰納しようとする方法である。もう一つは、すべてから抽象化された時代の悩みを、死物でもよい、文学の上にまざまざと再現しようという方法である。いわば後者の方法は、死んだ蝶を標本にしようとするのである。——どちらも結局、一羽の生きた黒い蝶の羽影を、作品の上に投影させることには成功しそうもない。

明治維新でさえ、そうなのだから、社会主義思想の輸入されてのちの「時代」の観念は、私にはますます信用のおけないもののような気がするのである。大正時代の青白きインテリはしきりと時代の影におびえたけれども、彼らの不安は、中産階級の経済的基盤の崩壊にかかっていた。生活上のたい廃の表現は、どこの国どこの時代にも高度の物質生活の行き詰りに必ずあらわれるもので、風俗の点を除いては、別にその時代固有のもの特有のものとして、後世に誇るべき「時代の悩み」を形づくっているとは思えなかった。日本文学が、大まかにいって、プロレタリヤ文学と、風俗小説に分れたことは、これから見ても自然に思われる。なぜならプロレタリヤ文学の首唱者にいわせれば、時代はすべて弁証法的な発展によるもので、時代の悩みは経済社会の進歩発展のメカニズムに混じた砂ツブテのようなものであるし、そこではいつも、階級闘争という固定した場面が考えられていたので、時代という観念は何ら本質的なものにはなりえなかったからであり、また、風俗小説家の目に映る時代の悩みは風俗の推移に追随できるものとできないものとの矛盾相こくの姿にすぎなかったのである。

これらの面にあらわれた「時代」の意味と、比べてみれば、われわれ戦争を経過した時代の投影を意味している「時代」の観念は、もっと茫漠としたとりとめのないものであるかもしれないが、同時にはるかに本質的な時代の投影を意味しているように思われるのである。社会的政治的経済的背景をぬきにしては何事も考えられぬこと今日よりはなはだしいことはないはずなのに、戦後の青年層のいわゆる「過渡期の悩み」といい「傷つけられた世代」といい「悪しき時代の子」といい種々の詩的名称でよばれるこのもやもやした希望と絶望、不安とふてぶてしさ等の不可思議な混合物に似た時代的感情から、かりにあらゆる社会的政治的経済的背景をぬいてみたとすると、こういう時代であればそれだけ、ある抽象化された純粋な、それだけに超時代的でもある一個の苦悩が、あたかも砂の中からえり出された砂金のように輝き出しては来ないだろうか。私にはそういう砂金の存在、一羽の黒い不吉の蝶の存在が、何ものにもまして、確固として信じられる気持がするのである。

そういう抽象性、――いささか私の独断に従えば時代というものの本質であるかもしれぬこの抽象性――を基礎にして、純粋小説を考えることにより、いままでの純粋小説の主張が時代というものに常に投げねばならなかった訣別の辞とことかわって、文学、また小説が純粋であればあるほど時代の全き投影、時代のもっとも正確な投影であるという主張を成立たせることができるのではないか。私はこの独断にみちた主張を証明しうるだけの作品を書きたいとねがわぬ日はない。ねがわくば私の今後の作品の上に、一羽の黒き不吉の蝶よ、たえずその行方定めぬ飛翔の影を落してあれ。

自己改造の試み——重い文体と鷗外への傾倒

私の文体のことなどは、人が書いてくれるのに委《まか》せるべきだろう。それがわかっていながら、こういうものを書く羽目になったのは、おそらく私が人の作品をあげつらうたびに、文体文体と、バカの一つおぼえのように言う報いであろう。

私は出発当時からちゃんと自分の文体をもって、それの利潤で暮らしながら歩いてきた人間ではない。もっともそんな人間はめったにあるまい。文体を親の遺産みたいに、はじめから持っている作家はあるまい。文学的才能が多分遺伝しないように、文体も遺伝しないから、従って生れたときから持っている財産というものではない。文学者はどうせ一代分限で、文体も一代限りである。

次に、つまらぬ試みだが、私の各年代の文体の一覧表をお目にかける。人の家へ行って、もてなしのつもりで見せられる家族の成長のアルバムほど退屈なものはないが、これも似たような退屈さを読者に与えるであろう。

(1)　一九四〇年「彩絵硝子《だみえガラス》」

「化粧品売場では粧《よそお》った女のような香水壜《こうすいびん》がならんでいた。人の手が近よってもそれはそ知らぬ顔をしていた。彼にはそれが冷たい女たちのようにみえた。範囲と限界のなかの液体はすきとおった石ににていた。壜を振ると眠った女の目のような泡がわきあがるが、すぐ沈黙即ち石にかえって了う。

退役造船中将男爵宗方《むなかた》氏は大きな香水を買った。自分のために、である」

(2)　一九四二年「みのもの月」

「わたくしはひどく疲れてしまっている、物忌みがあけるとまた内裏《うち》につめきりだものだから。いまごろの内裏のいそがしさはあなたもよく御存知だろうね。なにしろわたくしは身のおき処《ど》がないほどにつかれはててしまったのだ」

(3)　一九四五年「中世」

「語り終った少人は再び嗚咽《おえつ》した。項《うなじ》は慄《ふる》えて花薄《はなすすき》のごとくしなやかに、肩はおびえた鹿のようにおののいた。自《おのずか》ら振りかかって恰《あた》かも顔の半ばに匂いやかな柳《りゅう》暗《あん》を与えた黒髪があまり見事であったゆえ、禅師は思わず手をふれてそれをそっと除《の》けてみたのだ。寺院には晩鐘が殷々《いんいん》と響き渡った。密度ある夜が燦《きら》めきながら降りてきた。歩廊から歩廊へ灯《ひ》を入れて歩いてゆく番僧たちの姿が見えはじめた」

(4) 一九四八年「盗賊」

「いわば良人《おっと》のあの露骨な疑惑がこの場の夫人を救ったのであった。新倉にたのんだいきさつをありのままに答えようとした気持を崩されて、嘘以外の何も言わぬ決心を咄嗟《とっさ》に夫人は固めたのであった。そして良人の心をはかりかねて新倉を利用した気持のなかに、無意識裡に山内氏への愛の後めたさが動いていたとは知らない夫人は、その動機に山内氏への愛を加えることが、単に嘘であるということ以外に、藤村子爵を純粋に憎むために必要な操作だと考えたのだった」

(5) 一九五〇年「日曜日」

「二人にはよく似た特徴がいろいろある。今言った同い年だということがその一つである。本俸三千九十六円に手当を加えた四千九百十円の給料がおそろいだという点がその二つである。いずれ劣らぬ陰日向のない働らき者だということがその三つである。

金融局文書課の課員たちは、二人を渾名《あだな》して『日曜日』と呼んでいる。その渾名にはこういう来歴がある」

(6)　一九五〇年「青の時代」

「廠舎《しょうしゃ》の門を入るとき、『歩調とれェ』という号令がかかる。疲れ切っている生徒たちは、やけ半分の威勢のよさで地面を踏み鳴らした。廠舎の殺風景な庭のかなた、暮れかかる裾野《すその》の起伏のかなたに、聳《そび》え立っている薔薇いろの夕富士は誠《まこと》を感動させた」

(7)　一九五三年「禁色《きんじき》」

「悠一《ゆういち》には後悔がなかった。奇怪なことだが、彼は康子《やすこ》を愛していたからである。表現の苦渋に形を歪《ゆが》められたこんな愛の見地に立てば、青年が旅へ出るために犯した無理のかずかずも、のこらず康子への餞《はなむ》けだと考えてよかった。この間《かん》、真剣になった彼の心のうごきは、偽善をすら怖れていなかった」

(8)　一九五五年「沈める滝」

「そのとき紅葉の山々のはざまの空に、崇高な山があらわれた。駒ヶ岳である。銀山三岳の一つであるこの山には紅葉の片鱗もなく、紫紺のあらわな山頂の部分に、数条の白い糸のさまをした雪がかがやいていた。二三日雪がつもって、また消えたあとである。駒ヶ岳は孤独な肩をそびやかし、空の青い深い静けさを、その存在で護って立っているように見えた。地上的なものに触れて低い山々は紅葉しているのに、この山ばかりは地上にただ基底を託して、半ば天界に属していた。それは一つの不動の思想であった」

(9) 一九五六年「金閣寺」

「柏木《かしわぎ》が美に索《もと》めているものは、確実に慰藉《いしゃ》ではなかった！ 言わず語らずのうちに、私にはそれがわかった。彼は自分の唇が尺八の歌口に吹きこむ息の、しばらくの間、中空《なかぞら》に成就する美のあとに、自分の内黐足《ないほんそく》と暗い認識が、前にもましてありありと新鮮に残ることのほうを愛していたのだ」

……………。

さて私はこれで、自分の十七年間を一覧してしまって、索然たる気持になる。十七年間というものは、人が思うほどそんなに短かくはない。そろそろ私は歳月の与えるものをつもっても見、その計算に敏感であってもいい年齢に達しつつある。

私の文体が、いかに他人の影響のおかげを蒙《こうむ》っているかは、右の一覧表によっても明らかである。(1)は新感覚派、ポオル・モオラン、堀辰雄、ラディゲの「ドニイズ」など。(2)は日本古典、および堀辰雄によるその現代語訳。(3)は日夏耿之介、およびヨーロッパ頽唐《たいとう》派文学の飜訳。(4)はラディゲの「ドルヂェル伯の舞踏会」。(5)ははっきりと（！）森鷗外。(6)はスタンダールの飜訳。(7)はスタンダールに鷗外風な荘重さを加味したもの。(8)もスタンダール、プラス鷗外。(9)は鷗外プラス、トオマス・マン。ざっとこのとおりである。

そこで私の文体は、こうした影響による私の変化（あえて発展とはいうまい）と不可分であるが、こうしてみると、私も思いのほかに順当な青年期を送って来たものである。いや、すこし晩稲《おくて》の青年期というべきかもしれない。何故なら、多くの人が二三年で経過する青年期の変化に、私は十七年もかけて来たからである。

この一覧表に「仮面の告白」「愛の渇き」「潮騒」の三篇を加えなかったのは、「仮面の告白」は、それまでの私の文体の集大成であり、ゴッタ煮でもあること。「愛の渇き」はモオリヤックの一時的な影響下に生れた文体であること。「潮騒」は強引に、人工的に、単純で古典的な文体を作ったこと。……こういう理由によって、特例に属するからである。

堀辰雄やラディゲは、決してただ単に感性的な作家とは考えられず、ラディゲはむしろその反対であるが、少年期の私は、少年らしい感受性によって、ただ感性的にこの二作家の影響をうけていた。頽唐派文学や日本古典の影響もそうである。そして日本古典は私の感受性をとことんまで是認しているように見えたので、私は一時それに全く溺《おぼ》れた。戦争がおわっても、しばらく私はこの耽溺《たんでき》から醒《さ》めなかった。この耽溺が私に強いた文体が、まさに戦争から現実から完全に遮断してくれたという恩恵を、忘れかねたのが真相であろう。かくて戦争の記憶は、文学的には、私にとって全く美的なものである。

やがて文体によるラディゲの再認識がはじまり、私は「盗賊」を、ラディゲ体験の総決算にするつもりであった。「盗賊」の文体は、少年期に見たラディゲとは別のラディゲを語っている。私の感受性への憎悪愛《ハース・リーベ》が極端になったのは「仮面の告白」であって、その混乱した文体は、そういう精神状況を語っている。鷗外の清澄な知的文体は、私への救いとして現われた。鷗外には感受性の一トかけらもなく、あるいはそれが完全に抑圧されていた。そこで私は鷗外の文体模写によって自分を改造しようと試みた。

その後、スタンダールのコード・ナポレオンの文体なるものが、多くの示唆を私に与えたが、その精妙な軽さは模倣するすべもなく、しいて真似ようとすると、泥くさいものになった。真の軽みが、すばらしい重量感を帯びるという秘密は、いかなる秘法であろうか。私は又自分の志す重さのために、鷗外にかえらざるをえなかった。

徐々にゲエテやトオマス・マンなどの、ドイツ語そのものの重さから来る文体が、私を魅しはじめた。重さへの私の嗜好《しこう》は、生来の荘重好み、厳格好み、立派なもの好み、（いずれもブウルジョア的嗜好であろう）のせいもあるが、文章の辷《すべ》り止めのためでもあった。重い文体をわがものにしてしまえば、辷りが防げると思ったのである。事実、重い文体と鷗外への傾倒は、徐々に私の中の不要な部分、一例が機智の見せびらかし、のようなものを殺してくれた。

又、文体の私に於ける変遷は、感性的なものから知的なものへ、女性的なものから男性的なものへの変化を物語っている。私は今では、愛惜の念を以てしか、女性的な作家を愛さない。そして男性的特徴とは、知性と行動であるが、この二つを併せ持った作家は少なく、男性における行動性とは、もし知性を伴わなければ、極端が相通じて、女性的特色、つまり感性的特色を強く帯びるという危険があるので、専ら知的に強靱な作家を愛しているのである。トオマス・マンの分類に従えば、老年は男性的であり、若さは女性的であり、精神は男性的であり、肉体は女性的なのである。文体に於ける私の歩みは、多くの青年の歩みと軌を一にして来たものといえよう。私が文体によって生を更新しようと試みてきたことは、多くの青年が思索によってそうしようと試みてきたのと同様、多分大きすぎる間違いではあるまい。

作家にとっての文体は、作家のザインを現わすものではなく、常にゾルレンを現わすものだという考えが、終始一貫私の頭を離れない。つまり一つの作品において、作家が採用している文体が、ただ彼のザインの表示であるならば、それは彼の感性と肉体を表現するだけであって、いかに個性的に見えようともそれは文体とはいえない。文体の特徴は、精神や知性のめざす特徴とひとしく、個性的であるよりも普遍的であろうとすることである。ある作品で採用されている文体は、彼のゾルレンの表現であり、未到達なものへの知的努力の表現であるが故に、その作品の主題と関わりを持つことができるのだ。何故なら文学作品の主題とは、常に未到達なものだからだ。そういう考えに従って、私の文体は、現在あるところの私をありのままに表現しようという意図とは関係がなく、文体そのものが、私の意志や憧れや、自己改造の試みから出ている。

しかしもちろんそれが最後の文体ではない。最後の文体とは、作家の老年にみのる美しい果実であろう。そこでは自在の感じがゆきわたり、欲望はことごとく満たされ、文体はいささかのぎこちなさもなく世界を抱擁するにいたるだろう。晩年のゲエテは、そういう文体を持っていたように思われる。

「われら」からの遁走——私の文学

事の順序として私はまず、この文学全集の表題にイチャモンをつけるであろう。「われらの文学」とは何であるか？　十代の少年であったころから、「われら」という言葉は、何だか肌に馴染《なじ》まぬ、不可解な言葉だった。私にとっては、どうしても「われら」という言葉が感覚的にわかりにくかった。

しかし、「われら」という言葉があれほど燦然《さんぜん》としていた時代も稀である。そして私が、「われら」の一員であるという資格を、あれほど強制的に持たされ、且つ、当然のこととして持たされていた時代は、もう二度と来ようとは思われない。もし私が一九四五年までに（たとえ病死であろうと）、何でも構わないから死んでしまっていれば、私は否でも応でも「われら」の一員になり了《おお》せることができたのだ。

事は何も軍国主義的事例にとどまらない。昔のナンバー・スクールの生徒が、白線帽を握りしめた片手をふりまわして(自ら何の違和感も感じずに)、寮歌を合唱するときには、そこには明瞭に「われら」が在った。そして私はそういう「われら」をぞっとして眺めていた。

母校が対校試合に惜敗して、応援団一同が号泣しているとき、そこにはやっぱり「われら」がぬッと顔をあらわしていた。しかし私は号泣はおろか、少しも悲しくならない自分をもてあまし、恥かしく思っていた。

超自我《スーパー・エゴ》=われら=われ、という公式には一種の適性が要求される。これは教養や階級の如何《いかん》にかかわりなく、一種の先天的な適性として賦与されているもので、私にはこういう適性の欠けていることが初ッ端《しょぱな》からわかっていた。

そして私の文学も正にそこに出発したのであり、今更すましして「われらの文学」などに顔を連ねていることは、恥ずべき振舞である。

しかし「あの時」からは、すでに二十年がたっている。時の経過というものは怖ろしい。私には何となく、現在の「われら」はいやらしいが、過去の「われら」は美しかったという気がしはじめている。ともすると、「われら」とは「青春」の同義語なのであろうか。いや、そんなことはあるまい。私の青春は、絶対に、絶対に、「われら」なんぞとは無縁だったのである。

それはむしろ、こう云いかえたほうがいいだろう。今も昔も私は「われら」などとは本質的に無縁な筈であり、「われら」が醜かろうと美しかろうと、次元を絶した事件にすぎぬ筈であるが、今、職業的文士として一応おちついて(何たる俗悪な表現!)、まずまず、自己の意志に反して「われら」に組み込まれる心配がなくなってみると、その安全な見地から眺めた「われら」概念は、むかしほど強圧的でも怖ろしくもないから、その長所のほうがむしろ愛らしく眺められて来て、美しくさえ見えるということにすぎないのかもしれない。そして現在は醜く過去は美しいという感傷的法則に従って、むかしの「われら」のほうがより美しく見えはじめたのかもしれない。

そればかりではない。今になってわかることは、あれほど「われら」を怖れ憚《はばか》り、忌み嫌い、「われら」との無縁を、絶対に信じ主張していた私は、それゆえにこそ、「われら」の一員だったのではないか、ということだ。私の青春は「われら」とは絶対に無縁だったということの疑いようのない事実にこそ、私がまぎれもなく「われら」の一員だった、という証拠があらわれているのではないか?

そう考えてゆくと、いつしか、私の胸には甘酸っぱいものがこみあげてくる。時間がゆっくりと逆転してくる。小っぽけなファウスト的体験。……私はいつしか、今の私なら、絶対にむかしの「われら」の一員に、欣然《きんぜん》としてなり了せることができる、という、甘いロマンチックな夢想のとりこになりはじめる。私は自分の意志で、二十年かかってその適性を得、文学はもちろん大切だが、人生は文学ばかりではないということを知りはじめたのだ。それを知るのはたしかに遅すぎたが、今からでも、ひょっとすると、遅すぎないかもしれないのである。……

ああ、危険だ！　危険だ！

文士が政治的行動の誘惑に足をすくわれるのは、いつもこの瞬間なのだ。青年の盲目的行動よりも、文士にとって、もっと危険なのはノスタルジアである。そして同じ危険と云っても、青年の犯す危険には美しさがあるけれど、中年の文士の犯す危険は、大てい薄汚れた茶番劇に決っている。そんなみっともないことにはなりたくないものだ。

しかし、一方では、危険を回避することは、それがどんな滑稽な危険であっても、回避すること自体が卑怯だという考え方がある。これも尤《もっと》もな考え方であり、西郷隆盛はその種の英雄だったのであろうが、西郷隆盛は十年がかりで書く小説のプランなんか持っていなかった。彼は未来を先取しようとする芸術家の狡猾《こうかつ》な企画などは知らなかった。未来を現実で埋めようとはせず、未来をあらかじめ非現実で埋め立てしようとする芸術家のもっとも反社会的な企図などは。

話が飛ぶけれど、たとえば東京湾埋立計画というものがあり、それはそれなりに一寸《ちょっと》した雄大な計画ではあるが、政治家はそこに金蔓《かねづる》になる交通機関を四通八達させ、官僚はその埋立地を官庁街にすることを夢み、銀行家は銀行のビルを櫛比《しっぴ》させ、誰それは何を、という風に、未来社会のめいめい勝手なイメージを描くであろう。しかし、何百万坪か知らないが、その埋立地全部の平坦なコンクリートの地面に、金いろにピカピカ光る何百億の画鋲《がびょう》を植えつけよう、という計画は誰が立てるだろうか？

芸術家が未来を先取するとは、そういうことなのだ。人々の輝かしいプラクティカルな未来像を、あらかじめ、周到に、綿密に冒瀆《ぼうとく》することなのだ。瀆《けが》すこと、それも衝動的に本能的に瀆すのではなく、完全な計算と企画に基づいて、冷静に、一分の隙《すき》もなく、未来を先取し、これを瀆し、これを占有すること。……但し文字の上だけで！

しかし遠い計画の段階では、言葉だって現実と平等なのだし、歴史においても、言葉と現実はほとんど等価になる。言葉が現実に決定的に負けているようにみえるのは、現在というこの、あるとも見えないとも見えるところの一瞬間だけである。

このような芸術家という人種にとっては、危険とは何を意味するか？　私にはそこのところが非常に興味がある。年々その興味が募って、今ではその興味のために発狂しそうだ。

「釣狐」という哀切な狂言は、分別ある老狐が穽《わな》と知りつつ、穽の好餌《こうじ》の誘惑と全力的に戦ってついに負ける怖ろしい物語だが、これが若い狐の話だったら、お話は実につまらなくなるだろう。若い未経験な狐は、あらゆる誘惑との戦いに悲壮な自己陶酔を感じるだろうが、分別ざかりの狐にとっては、その戦いはみっともない、恥も外聞もないものになることは知れており、従って彼の戦いの利点は、最高度に虚栄心を免かれていることだ。

彼は穽が何たるかを知っている。好餌が何たるかを知っている。しかし「知っている」ということは何と無効であろう。彼はその惨澹たる結果をよく知っている。しかし「結果」についての知識が、われわれを無気力にだけ押し沈めるとは限らないのである。

老狐の世間智と知的卓越性は、この世界を穽をかけるものとかけられるものとの、完全に静止した対立の姿において、はっきりと捕えていた筈だ。この明晰な認識にはみじんも滑稽なものはない。しかし同時に明晰さが、人を滑稽から永遠に救ってくれるという保証はどこにもない。

狐に限らず、人間の生成も奇妙なもので、青年のことを「春秋に富む」などというのは、単なる初等数学的計算であって、青年は未来を決して所有せず、年をとるに従って未来をだんだん的確に所有しはじめ、老年こそもっともその手のうちに、未来を確実にからめとっているものなのだ。(未来を持たないということこそ青年の特徴だった。私はそれを象徴的にも現実的にもよく知っていた。)そしてこの点では、芸術家も現実家も少しも変りはない。芸術家がその反社会的企図によって未来をからめとり、未来を着実に先取することに成功するのが、すなわち彼の成熟である。

老狐ももちろんこのことを弁《わきま》えていた。又、狐という存在の本質が、人間社会から見て、反社会的なものであることをも知悉《ちしつ》していた。人間社会に媚態《びたい》を呈し、人間主義にかぶれたりする、眼鏡をかけた若い狐なんかを腹の底から軽蔑していた。

ただ彼は老いており、未来を確実に所有しており、それが彼の重大な欠陥だった。知識が事物の誘惑力を減殺するどころかむしろそれを強め、結果の無効と敗北の認識が、行為の魅惑をますます甘いものにするということを知っていた。葡萄に手が届かずに諦める狐のたとえ話は、真赤な嘘だった。

このような狐の犯す危険とは、おそらく生半可な危険ではあるまい。冒険心に充ちた向う見ずの若い狐が犯す、軽率な、非本質的な危険と同じものではあるまい。老狐は自分の存在理由を全面的に否定するような危険にしか惹《ひ》かれないからだ。そういう危険でなくては彼には物足りないし、危険に対して彼が世間智から臆病であり用心深くあればあるほど、その危険の魅惑は、彼の最大の用心深さを薙《な》ぎ倒すようなものでなければならないからだ。夢みられた危険はますます肥大する。彼が所有したと一旦は信じた未来を根こそぎにするような、彼の存在の本質の全否定の上に成立つようなその危険は、彼の「未来の所有」を奪うようにしか働らかないだろう。それがその危険の最大の効用であるだろう。……彼をして再び、「未来を持たない存在」に還元せしめるような危険。つまり、老狐を魅する最大の危険とは、「青春」に他ならぬであろう。

＊

中等科のときであったか、高等科のときであったか、私は学校の文芸部委員として、或る先輩の大作家のところへ講演をたのみに行ったことがある。温容の大作家は少年の客を手厚く迎え、よもやまの話の末に、

「それで……君は文学をやってゆくつもり？」とやさしく訊かれた。

その質問は私に或る種の衝撃を与えた。「文学をやってゆく」という思考形式は、私の精神生活のどこを探しても見当らなかったからである。

では私は何をやっていたかというと、下手な詩を書き、下手な小説の習作をし、友達と長い文学的書簡をやりとりし、会えば文学の話ばかりをし、文学書ばかりを読み、蒼白《あおじろ》い顔をしていたのである。しかし私は「文学をやってゆく」などという大正時代の文学青年の言葉づかいでは、自分の生活を律していなかった。「文学をやってゆく」――！　そのゆたかな、教養主義的な自己形成と、疑いのない生活感。それほど当時の私から遠いものはなかった。来る日も来る日も原稿用紙を書きつぶしていることは、時代に対して、自分が一種の抽象人、透明人間になるための忍者の訓練みたいなものだったと云えるだろう。反時代的精神の隠れ家、御先真暗な人生の隠れ家……、しか

もそこには何ら英雄的なものはなく、時代の非適格者たる自分を是認するための最後の隠れ家として、文学というものがあったのだ。

だから戦後、小説家になって「文学をやってゆく」ことになったとき、私の狼狽《ろうばい》は甚だしかった。まして、自分が一時代の一つの世代の代弁者のように扱われたとき、このありえようのない誤解に対して、私の愕《おどろ》きは大きかった。その渦中をのがれた今になって、只一つ云えることは、私はその渦中にあったときも、決して人が期待するように語り、人が期待するように生きたことはなかった（ポジティヴな意味においても、ネガティヴな意味においても）、ということだけである。

外国の或る新聞記者から、「お前の使命《ミッション》は何か？」ときかれたとき、私は言葉に窮した。古風な悪魔派ぶって、「人類に死と破壊をもたらすこと」とでも答えることができたら、どんなに愉快だったことだろう。しかし二十年間も小説家でいながら、自分の書いたものが死や破壊はおろか、読者に風邪一つ引かせることができなかったということに、気づかない人間がいたとしたら、まず正真正銘の馬鹿者である。私の小説が人に与えた生理的障碍《しょうがい》のただ一つの信ずべき事例は、或るれっきとした編集者が、私の短篇小説「憂国」を読んだあと、気持がわるくなって夕御飯が喰べられなくなった、ということだけである。

私は戦後の日本文壇の慣例に従って、自分のために major works を書き、同じく自分のためとはいいながら専ら口を糊するために minor works を書いた。その「自分のために」ということのなかには、多くのニュアンスがあり、又、年齢を重ねるに従って微妙な変遷があった。

はじめそれは「子供の遊び」であった。そのうちにそれが「叫び」になった。それはやがて「洗煉された叫び」になり、さらに、やがて叫びは死んだ。ついでおそろしい「不満」になり「鬱屈」になり、この不満と鬱屈は、いくら洗煉しても死に絶えなかった。叫びは叫ぶことによって癒《いや》やされるが、不満は不可能に関わっていたからである。そしてやがて、私は不可能に関わる不満をしか愛さなくなった。……

しかし私は想定された観客に向って語りかけることがいやだったので、ついぞ「彼等」の言葉で語ったことはなかった。「彼等」に愛される言葉で語ることを避けようとする誘惑は、私の中でますます強くなった。フニャフニャした青年たちは、いかにフニャフニャした文学表現を愛するか、そして文学の中に自分の無力と弱さの自己弁護の種子をしか探さないか、ということが、私には経験上よくわかっていたので、ことさらその種の表現から遠ざかり、もし感傷が必要であれば、その感傷の中にこそ致死量の毒を仕込もうと心がけた。（又私の筆が辷《すべ》った。前にも云ったように、文学には致死量の毒などはない）

私は私のことしか語らなかったのである。それにしても小説というジャンルは、告白にはもっとも不便なジャンルで、この「まがいものの記録」のジャンルには、告白の信憑《しんぴょう》性を保証するようなものは何一つない。告白と小説を結びつけた浪漫派の偏見は、人種的偏見とどっこいどっこいの不名誉な愚かな考えであり、文学は、詩・戯曲・小説の順に、告白に不適になるのである。

＊

正月……。三階から眺めると、今朝は空も澄み、富士の白い頂きもありありと秀で、海のかなたには、いつも見えない島影すら見える。そして眼下に密集する家々には、日の丸の旗は甚だ少ない。

一体自分はいかなる日、いかなる時代のために生れたのか、と私は考える。私の運命は、私が生きのび、やがて老い、波瀾のない日々のうちにたゆみなく仕事をつづけることを命じた。自分の胸の裡《うち》には、なお癒やされぬ浪漫的な魂、白く羽搏《はばた》くものが時折感じられる。それと同時に、たえず苦いアイロニーが私の心を嚙んでいる。

二十数年前に学校の先輩が云った「文学をやる」という言葉は、今、私にとって、ますます胸の中を風の吹き抜けるような言葉として感じられる。過去の作品は、いわばみんな排泄物だし、自分の過去の仕事について嬉々として語る作家は、自分の排泄物をいじって喜ぶ狂人に似ている。しかし、ともあれ、文学をやるということは、知性と肉体に対する両面作戦だった。文学のおかげで、私はあらゆるアカデミックな知性を軽蔑することができたし、肉体のはかなさをいささかでも救済することができた。その限りにおいて文学は精神にとって（厳密に私一人だけの精神にとって）有効であったと考えられ、その上私は、人を娯しませるという大道芸人の技術をさえ、多少は手に入れることができたのだった。

私は自分の作品に有機的な構造を与えることに腐心したが、それは彫刻家が自分の扱う石材の無機性を知悉しているように、私がそもそも言葉というものの、有機体にとって有害な性質を知悉していたからだった。しかしそれは或る厳密な処方に従って調剤すれば、数種のミネラルのように、人体の栄養分ともなるのである。社会がふくらみ上る幻想によって実際にふくらみ、破壊された幻想によって実際に崩壊するありさまを、何度かくりかえし見てきた私は、人間の歴史における幻の厳密性について、多少学ぶところがあった。幻の厳密性、あるいは厳密な法則によって行使される幻、それを人々ははじめ魔術と呼び呪術と呼んだ。しかし人々はそこから、形《フォルム》の意味を、無数の人為的な条件に依拠する方式の有効性を知ったのである。力のある思想はそのようにして生れるものであり、数百万人を動かす思想は、火によってよりも、形《フォルム》によって動かすのだ。なぜなら大多数の人間は、思想の内容などについぞ注意を払わないからである。

文学の最大の困難はこの点にある。それは一瞥《いちべつ》するだけの目には何事をも語らず、要約は頭から不可能だからだ。文学は思想と同様に、幻としての厳密な方式と形《フォルム》を要求されながら、ついにその有効性をも、方式と形の利益をも、わがものとすることができない。それは何故だろう、と私はしばしば考えた。作品の全体の形は美しく単純であっても、そのフォルムの単純と美を知るのは、全部読んだあとでなくてはならぬ。従って、どんなに簡素なフォルムも、煩瑣な方式に化する運命を持っている。もちろん、いかなる作家の仕事も、忙しい世間からは、要約と、社会的イメージでもって理解され、分類される。しかしそれは断じて、彼のフォルムによって理解されているのではない。文学上のフォルムは文体であり、作家の文体は、かくて甚だ孤立したものになる。思想がフォルムによって普及するところで、文学はフォルムによって普及を妨げられる。そこで、弱気な作家たちは思想に色目を使うにいたるのである。

文学の本質は、それでは要約不可能性にある、ということができるであろうか。話がそれほど簡単なら、作家は、自分の小説にできるだけ要約不可能な要素を加えてゆけばよいことになろう。しかしここでも、作家はこの要約不可能性の根拠を「個性」に求め、ついにはロマンチックな個性のオートマティスムの犠牲になるのだ。われわれはそういう悲劇的な事例を数多く知っている。……

最後に、何もかも怪しげになったところへ、やって来るのは本物の楽天主義だ。どんな希望的観測とも縁のない楽天主義だ。私は私が、森の鍛冶屋のように、楽天的でありつづけることを心から望む。

——一九六六年一月——

解説　混沌を秩序化する技術

平野啓一郎

三島由紀夫は、古今東西のあらゆる文学作品に言及しては、読者にそれを「読みたい」気にさせる名人だった。彼のペダントリーには、そういう色気があった。

ボルヘスは、「世界の文学を、一種の森として考えています。つまり、もつれあい、からみあっているけれども、成長しているのです。」（『ボルヘスとの対話』）と美しい比喩で語っているが、読者として、まだ覚束ない足取りでその森に迷い込んだ時、三島は、鳴いている鳥の愛らしい声に注意を促し、木の幹に絡みついた蔦を鮮やかにほぐして見せてくれる、練達の案内人だった。一冊の本は、決して砂漠にぽつんと置かれたように存在しているのではなく、その有機的な関連の一部分なのだということを、三島ほど生き生きと教えてくれる人は、そうはいまい。

他方で、彼が創作活動の最初期から晩年に至るまで、小説の方法論的思索を開陳し続けていたことは、多くの読者に、小説を読むのみならず、書きたいという衝動まで喚起せしめたことであろう。私もまたその一人だった。

「小説というものは何をどんな風に書いても好いものだ」というのは、森鷗外が『追儺』の冒頭に記していることである。

この実に寛大な定義に異論のある小説家は少なかろうが、だからこそ、「何をどんな風に書くか」を巡って、文学史上、膨大な議論と実践が積み重ねられてきた。それは結局、無限の可能性を前にして、「何をどんな風に書かないか」を決定することでもある。

鷗外自身、言文一致以前の三部作から晩年の史伝に至るまで、小説という形式の多様な可能性を追求する一方で、「没理想論争」や自然主義への否定的な態度に見られるように、「書いても好い」けれども書かなかった小説を、ある意味では一作毎に確定してゆき、最終的には一定の除外された領域を形成した。

三島自身の小説観も、基本的には同様の大前提から出発している。

「小説はかくて自由である。どう仕様もないほど自由である。どんな下品な言葉を使っても、俗語を使っても外国語を使ってもよろしい。方法も放任されている。」（「私の小説の方法」）

「小説自体が無限定の鵺《ぬえ》のようなジャンルであり、ペトロニウスの昔から「雑俎《サテュリコン》」そのものであった」（「小説とは何か」）

本書を読めば瞭然としているように、三島はそこから、「精神主義的な議論」へは向かわず（「それはあまりに言い古されたことであるし、古ぼけた小説の先生が、二言目にふりまわすのは、小説家としての心の問題」だ！）、徹底して具体的な技術論を構築しようと試み続けている。

こうした態度のための最初の認識を、私たちは、まだ『仮面の告白』も刊行していなかった時期の「小説の技巧について」の中で確認することが出来る。

「小説というジャンルの拡大は、散文が本質的にもっている「技術的条件のあいまいさ」から発生した。素朴な意味での芸術性のあいまいさである。」

だからこそ、「小説ほど方法意識にわずらわされる宿命を負ったジャンルもめずらしい」のであり、「小説形式が伝統的に、ロマン主義的な無形式と個性尊重を抜けきれない以上」、彼としては、「自分の本質が古典主義者だとは必ずしも思わないが、方法論上のあきらかな古典主義者」であるより他はないのである。

三島は、無秩序と秩序、ディオニュソス的なものとアポロン的なもの、ロマン主義と古典主義という二元論を好んだが、創作とはいわば、その両者の弁証法であり、時系列的には前者に始まり後者に終わる、という過程を経る。それは明晰に意識化された、「主知的」態度を要請する。三島はその点では、「メティエ」の研鑽を強調し、創作の脱神秘化に執拗に拘る、徹底した経験主義者だった。

「小説も芸術の一種である以上、主題の選択、題材の選択、用語の選択、あらゆるものに、作者の意志がかかり、精神がかかり、肉体がかかっている。われわれはそれを不可測の神の意志、あるいは狂気の偶然の意志に委ねるわけには行かないのである。」(「小説とは何か」)

個々のエッセイは、いずれも率直であり、また詳細なので、読者はここで、一般的に流布している「伝説」とのギャップを多く発見することだろう。

たとえば、若き日の「小説の技巧について」では、「夢想の形態」として、「作品の内部では注意ぶかく偶然性が排除され、どのような偶然の出会いも偶然の動作もなされず、一度たりとも骰子《さいころ》の振られない小説。すべてが星座のように動く小説。貸借対照表のような潔癖な均衡が、終始一貫漲っている小説。……」が理想化されている。これは人が三島の小説に対して抱くイメージとも合致しているし、彼が森鷗外論の中で、『雁』を褒めたのも、そっくりそのまま、こうした理由によってのことだった。

これと、小説は最後の一行が決まらないと書き出せない、という、三島の例の有名な言葉とが合わさると、彼はさぞや、途中の偶然などは一切排した計画的な執筆の仕方なのだろうと想像されるが、実際に、「わが創作方法」で語っているのは、「構成」についての次のようなことである。

「これはかなり機械的な作業で、最初に細部にいたるまで構成がきちんと決まることはありえず、しかも小説の制作の過程では、細部が、それまで眠っていた或る大きなものを目ざめさせ、それ以後の構成の変更を迫ることが往々にして起る。したがって、構成を最初に立てることは、一種の気休めにすぎない。」

そして、「最後の一行」に関しても、「小説の腹案がうかんだとき、短篇では最後の場面、長篇では最も重要な場面のイメージがはっきりうかぶまで、待つことが大切である。そしてそのイメージが、ただの場面としてではなく、はっきりした強力な意味を帯びて来ることが必要なのだ。」(「私の小説の方法」)「少年時代に、ラディゲの「ドルヂェル伯の舞踏会」から、クライマックスの極度の強め方を学んだ私には、平面的な展開を喜ばない癖が頑固に残っている。(略)私は最初の構成から、クライマックスについてだけは、たえず計算をしつづけている。」(「わが創作方法」)とかなり穏当な表現となっている。至ってオーソドックスな小説の書き方とも言えるであろう。勿論、古井由吉氏のように、実際に書き出すまでは自分の筆がどちらに向かうか、まったく予想が立たない、というタイプの小説家も他方にはいるが。

また、安部公房との対談『二十世紀の文学』の中で、三島が「無意識というものは、絶対におれにはないのだ」と語り、安部が「そんなバカな。」と応じたやりとりなどは、澁澤龍彦を始めとして、多くの論者に三島を象徴する言葉として引用されてきた。が、その対談の三年前に書かれた「わが創作方法」では、「無意識」という言葉こそ用いられていないものの、当たり前のように「結論から先に言うと、私の方法的努力は、最終的には、潜在意識の活動をもっとも敏活にするためのものである。私の潜在意識は、無限定無形式の状態では、どうしてもいきいきと動き出さない。ぐにゃぐにゃした混沌の中で、却って潜在意識が活潑に動き出す作家もある。私はそういう型の作家ではない。」と「潜在意識」について述べている。そして、「何かで縛り、方向と目的をきっちりと決め、そこにいたる道筋を精密に決めてからでなくては、心が自由にならないのである。」と続ける件は、これまで見てきた通りの創作態度である。

更には、こうした発想が、大学の法学部で学んだ刑事訴訟法と親和的だったという「私の小説作法」や「法学士と小説」などは、本書の楽しい読みどころだろう。

ここに収録されているエッセイは、いずれも小説論として面白いが、三島という一人の小説家について考えるならば、やはり、晩年の「小説とは何か」が最も読み応えがある。

二十代の若々しい「小説の技巧について」とは違い、読者という存在も知悉し、「どう仕様もないほど自由」な「鵺のようなジャンル」の小説についての理解も格段に深まり、固陋に陥るよりもむしろますます柔軟になっていて、「概して近代の産物である小説の諸傑作は、ほとんど「小説とは何か」の、自他への問いかけであった、と云っても過言ではない。」という言葉通り、自ら創作を通じてその問いを考え抜いてきた一人の小説家の面目躍如たるものがある。今や小説の理想は、「すべてが星座のように動く」ばかりではなく、「小説は、生物の感じのする不気味な存在論的側面を、ないがしろにすることができない。どんなに古典的均整を保った作品でも、小説である以上、毛がはえていたり、体臭を放っていたりする必要がある」と語られる。バルザックを念頭に置きつつ、彼は江の島の海獣動物園で見たミナミ象アザラシにまさに理想的な小説の姿を（！）認めるのであるが、そのすぐあとでは、凡そ真逆なジュリアン・グラックの『陰鬱な美青年』に感心し、その分析にページを割いている。三島の「小説とは何か」の問いはここに至っても決して終わることなく、その振幅には大いなる可能性が感じられる。

それにしても、三島は最後まで多読であり、勉強熱心だった。議論を過度に抽象化させることなく、次から次へと近頃、感銘を受けた小説を紹介してゆくのだが、そのリストは、稲垣足穂の『山ン本五郎左衛門只今退散仕る』、国枝史郎の『神州纐纈城』、バタイユの『マダム・エドワルダ』『わが母』、柳田国男の『遠野物語』、深沢七郎の『楢山節考』、アーサー・クラークの『幼年期の終り』、吉田知子の『無明長夜』、沼正三の『家畜人ヤプー』、……と多様性に富み、しかも、三島が好きだというのは納得出来るものの、そのスタイルはいずれも三島的ではない。かつて「自己改造の試み」

で、ほとんど誇らしげに披露した変幻自在の模倣の数々を思うと、やはり感慨深いものがある。彼はもう、そんなふうに人の文体を「真似」してみようとは考えなくなっていたようだが。

三島は、『暁の寺』の脱稿に触れて、「実に実に実に不快だった」と語っている。既に最期の「行動」は念頭にあったろうが、その心境は、些かふしぎな説明の形を取っている。

「書くことは、非現実の霊感にとらわれつづけることではなく、逆に、一瞬一瞬自分の自由の根拠を確認する行為に他ならない。その自由とはいわゆる作家の自由ではない。私が二種の現実のいずれかを、いついかなる時点においても、決然と選択しうるという自由である。」

そして、こう続ける。「『暁の寺』の完成によって、それまで浮遊していた二種の現実は確定せられ、一つの作品世界が完結し閉じられると共に、それまでの作品外の現実はすべてこの瞬間に紙屑になったのである。」

「どう仕様もないほど自由」な小説というジャンルの中で、何かを書き、何かを書かずにいることで、三島は「自由」を行使する。しかし、到頭、書かなかった小説を確定する一つの小説の完成とは、自由でもなければ選択でもない、何か不如意なものなのだと彼は語る。それは同時に、生きようと思えばいつでも生きられたはずの現実を、除外された、生きなかった現実として確定することでもある。

そして、その逆は？　行動の「完成」が、創作というもう一つの「現実」を紙屑にし、「破棄」する時にも、それはやはり抗い得ぬ、「オートマティック」なことなのだろうか？

三島がもし生きていたなら、という仮定は、しばしば人々の想像を刺激してきた。「小説とは何か」には、なるほど、そこはかとない疲労の気配がある。しかし、必ずしも『豊饒の海』では完結しきれない彼の小説家としての可能性がまだ十分に感じられることもまた事実である。

（ひらの・けいいちろう　作家）

索引

■人名

初出一覧

作家を志す人々の為に　『蛍雪時代』昭和二十五年九月
小説とは何か　『波』昭和四十三年春季号〜昭和四十五年十一・十二月号
私の小説の方法　『文章講座4』河出書房、昭和二十九年九月
わが創作方法　『文学』昭和三十八年十一月
小説の技巧について　『世界文学』昭和二十四年三月
極く短かい小説の効用　『小説界』昭和二十四年十二月
法律と文学　『東大緑会大会プログラム』昭和三十六年十二月
私の小説作法　『毎日新聞』（夕刊）昭和三十九年五月十日
法学士と小説　『学士会会報』昭和四十年二月十日
法律と餅焼き　『法学セミナー』昭和四十一年四月
私の文学　『夕刊新大阪』昭和二十三年三月十五、十六日
自己改造の試み　『文学界』昭和三十一年八月
「われら」からの遁走　『われらの文学5三島由紀夫』講談社、昭和四十一年三月

編集付記

一、本書は著者の小説論・創作方法論を独自に編集し、二〇一〇年十月、小社より単行本として刊行したものである。文庫化にあたり新たに解説と索引を付した。

一、本書の収録作品は、『決定版　三島由紀夫全集』（新潮社）を底本とした。収録にあたり、旧仮名遣いを新仮名遣いに改めた。

一、本書には、今日の人権意識に照らして不適切な語句や表現が見受けられるが、著者が故人であること、執筆当時の時代背景と作品の文化的価値等を鑑みて、原文のままとした。

中公文庫

小説読本《しょうせつどくほん》

2016年10月25日　初版発行
2023年 7 月30日　3刷発行

著　者　三島由紀夫《みしまゆきお》

発行者　安 部 順 一

発行所　中央公論新社
〒100-8152　東京都千代田区大手町1-7-1
電話　販売 03-5299-1730　編集 03-5299-1890
URL https://www.chuko.co.jp/

DTP　柳田麻里
印　刷　三晃印刷
製　本　小泉製本

Published by CHUOKORON-SHINSHA, INC.
Printed in Japan　ISBN978-4-12-206302-0 C1195

中公文庫既刊より

各書目の下段の数字はISBNコードです。978-4-12が省略してあります。

み-9-15
文章読本 新装版
三島由紀夫

あらゆる様式の文章・技巧の面白さ美しさを、該博な知識と豊富な実例と実作の経験から詳細に解明した万人必読の書。人名・作品名索引付。〈解説〉野口武彦

206860-5

み-9-12
古典文学読本
三島由紀夫

「日本文学小史」をはじめ、独自の美意識によって古今集や能、葉隠まで古典の魅力を綴った秀抜なエッセイを初集成。文庫オリジナル。〈解説〉富岡幸一郎

206323-5

み-9-16
谷崎潤一郎・川端康成
三島由紀夫

世界的な二大文豪を三島由紀夫はどう読んだのか。両者をめぐる批評・随筆を初集成した谷崎・川端文学への最良の入門書。文庫オリジナル。〈解説〉梶尾文武

206885-8

み-9-14
太陽と鉄・私の遍歴時代
三島由紀夫

三島文学の本質を明かす自伝的作品二編に、自死直前のロングインタビュー「三島由紀夫最後の言葉」(聞き手・古林尚)を併録した決定版。〈解説〉佐伯彰一

206823-0

み-9-13
戦後日記
三島由紀夫

「小説家の休暇」「裸体と衣裳」ほか、昭和二十三年から四十二年の間日記形式で発表されたエッセイを年代順に収録。三島による戦後史のドキュメント。

206726-4

み-9-9
作家論 新装版
三島由紀夫

森鷗外、谷崎潤一郎、川端康成ら作家15人の詩精神と美意識を解明。『太陽と鉄』と共に「批評の仕事の二本の柱」と自認する書。〈解説〉関川夏央

206259-7

み-9-10
荒野より 新装版
三島由紀夫

不気味な青年の訪れを綴った短編「荒野より」、東京五輪観戦記「オリンピック」など、〈楯の会〉結成前の心境を綴った作品集。〈解説〉猪瀬直樹

206265-8

み-9-17
三島由紀夫 石原慎太郎 全対話
三島由紀夫
石原慎太郎
一九五六年の「新人の季節」から六九年の「守るべきものの価値」まで初収録三編を含む全九編。七〇年の士道をめぐる論争、石原のインタビューを併録する。
206912-1

こ-14-3
人生について
小林秀雄
名講演「私の人生観」「信ずることと知ること」を中心に、ベルグソン論「感想」（第一回）ほか、著者の思索の軌跡を伝える随想集。〈解説〉水上　勉
206766-0

こ-14-4
戦争について
小林秀雄
小林秀雄はいかに戦争に処したのか。昭和十二年七月から二十年八月までの間に発表された社会時評を中心に年代順に収録。文庫オリジナル。〈解説〉平山周吉
207271-8

こ-14-2
小林秀雄 江藤淳 全対話
小林秀雄
江藤　淳
一九六一年の「美について」から七七年の大作『本居宣長』をめぐる対論まで全五回の対話と関連作品を網羅する。文庫オリジナル。〈解説〉平山周吉
206753-0

よ-5-8
汽車旅の酒
吉田健一
旅をこよなく愛する文士が美酒と美食を求めて、金沢へ、そして各地へ。ユーモアに満ち、ダンディズムが光る汽車旅エッセイを初集成。〈解説〉長谷川郁夫
206080-7

よ-5-9
わが人生処方
吉田健一
独特の人生観を綴った洒脱な文章から名篇「余生の文学」まで。大人の風格漂う人生と読書をめぐる随想集。吉田暁子・松浦寿輝対談を併録。文庫オリジナル。
206421-8

よ-5-10
舌鼓ところどころ／私の食物誌
吉田健一
グルマン吉田健一の名を広く知らしめた「舌鼓ところどころ」、全国各地の旨いものを紹介する「私の食物誌」。著者の二大食味随筆を一冊にした待望の決定版。
206409-6

よ-5-11
酒　談　義
吉田健一
少しばかり飲むというの程つまらないことはない——。飲み方から各種酒の味、思い出の酒場まで、ユーモラスに綴る究極の酒エッセイ集。文庫オリジナル。
206397-6

各書目の下段の数字はISBNコードです。978－4－12が省略してあります。

よ-5-12
父のこと
吉田健一
ワンマン宰相はワンマン親爺だったのか。長男である著者の吉田茂に関する全エッセイと父子対談「大磯清談」を併せた待望の一冊。吉田茂没後50年記念出版。
206453-9

よ-5-13
酒宴／残光 吉田健一短篇小説集成
吉田健一
翻訳、批評から小説へと自在に往還し独自の文学世界を築いた文士・吉田健一。その初期短篇小説集『酒宴』『残光』の全一七篇を収録。〈解説〉富士川義之
207194-0

ふ-7-7
演劇入門 増補版
福田恆存
著者自身の編集による唯一の入門書であると同時に、演劇理論家としてのエッセンスを提示する。重要論考「醒めて踊れ」を増補した決定版。〈解説〉福田 逸
206928-2

む-28-1
幕 末 非命の維新者
村上一郎
大塩平八郎、橋本左内から真木和泉守、伴林光平まで。歌人にして評論家である著者が非命に倒れた維新者たちの心情に迫る、幕末の精神史。〈解説〉渡辺京二
206456-0

は-73-1
幕末明治人物誌
橋川文三
吉田松陰、西郷隆盛から乃木希典、岡倉天心まで。歴史に翻弄された敗者たちへの想像力に満ちた出色の人物論集。文庫オリジナル。〈解説〉渡辺京二
206457-7

え-3-2
戦後と私・神話の克服
江藤 淳
癒えることのない敗戦による喪失感を綴った表題作ほか「小林秀雄と私」など一連の「私」随想と代表的な文学論を収めるオリジナル作品集。〈解説〉平山周吉
206732-5

え-3-3
石原慎太郎・大江健三郎
江藤 淳
盟友・石原慎太郎と好敵手・大江健三郎をめぐる全評論とエッセイを一冊にした文庫オリジナル論集。稀代の批評家による戦後作家論の白眉。〈解説〉平山周吉
207063-9

よ-15-9
吉本隆明 江藤淳 全対話
吉本隆明
江藤 淳
二大批評家による四半世紀にわたる全対話を収める。『文学と非文学の倫理』に吉本のインタビューを増補し改題した決定版。〈解説対談〉内田樹・高橋源一郎
206367-9

よ-15-10
親鸞の言葉
吉本隆明

名著『最後の親鸞』の著者による現代語訳で知る親鸞思想の核心。鮎川信夫、佐藤正英、中沢新一との対談を収録。文庫オリジナル。〈巻末エッセイ〉梅原 猛

206683-0

ふ-2-7
楢山節考／東北の神武たち 深沢七郎初期短篇集
深沢七郎

「楢山節考」をはじめとする初期短篇のほか、伊藤整・武田泰淳・三島由紀夫による選評などを収録。文壇に衝撃をもって迎えられた当時の様子を再現する。〈解説〉小山田浩子

206010-4

ふ-2-6
庶民烈伝
深沢七郎

周囲を気遣って本音は言わずにいる老婆（「おくま嘘歌」）、美しくも滑稽な四姉妹（「お燈明の姉妹」）ほか、烈しくも哀愁漂う庶民を描いた連作短篇集。〈解説〉蜂飼 耳

205745-6

ふ-2-5
みちのくの人形たち
深沢七郎

お産が近づくと屏風を借りにくる村人たち、両腕のない仏さまと人形——奇習と宿業の中に生の暗闇を描いた表題作をはじめ七篇を収録。〈解説〉荒川洋治

205644-2

ち-8-1
教科書名短篇 人間の情景
中央公論新社 編

司馬遼太郎、山本周五郎から遠藤周作、吉村昭まで。人間の生き様を描いた歴史・時代小説を中心に中学教科書から厳選。感涙の12篇。文庫オリジナル。

206246-7

ち-8-2
教科書名短篇 少年時代
中央公論新社 編

ヘッセ、永井龍男から山川方夫、三浦哲郎まで。少年期の苦く切ない記憶、淡い恋情を描いた佳篇を中学教科書から精選。珠玉の12篇。文庫オリジナル。

206247-4

ち-8-9
教科書名短篇 家族の時間
中央公論新社 編

幸田文、向田邦子から庄野潤三、井上ひさしまで。かけがえのない人と時を描いた感動の16篇。中学教科書から精選する好評シリーズ第三弾。文庫オリジナル。

207060-8

ち-8-10
教科書名短篇 科学随筆集
中央公論新社 編

寺田寅彦、中谷宇吉郎、湯川秀樹をはじめ、岡潔、矢野健太郎、福井謙一、日髙敏隆七名の名随筆を精選。国語教科書の名文で知る科学の基本。文庫オリジナル。

207112-4

各書目の下段の数字はISBNコードです。978-4-12が省略してあります。

た-30-28
文章読本 谷崎潤一郎
正しく文学作品を鑑賞し、美しい文章を書こうと願うすべての人の必読書。文章入門としてだけでなく文豪の豊かな経験談でもある。〈解説〉吉行淳之介
202535-6

ま-17-9
文章読本 丸谷才一
当代の最適任者が多彩な名文を実例に引きながら文章の本質を明かし、作文のコツを具体的に説く。最も正統的で実際的な文章読本。〈解説〉大野　晋
202466-3

よ-17-15
文章読本 吉行淳之介選 日本ペンクラブ編
名文とは何か——。谷崎潤一郎から安岡章太郎、金井美恵子まで、二十名の錚々たる作家が綴る、文章術の極意と心得。〈巻末対談〉吉行淳之介・丸谷才一
206994-7

こ-62-1
小説作法 小島信夫
書き続けるために本当に大切な事とは……これからの創作者に伝える窮極のエッセンス。単著未収録のトークを中心にした文庫オリジナル。〈解説〉保坂和志
207356-2

ほ-12-12
小説の自由 保坂和志
小説には、「考える」という抽象的な時間が必要なのだ。誰よりも小説を愛する小説家が、自作を書くのと同じ注意力で小説作品を精密に読んでみせる、驚くべき小説論。
205316-8

ほ-12-13
小説の誕生 保坂和志
「小説論」というのは思考の本質において、評論でなく小説なのだ。小説的に世界を考えるとどうなるのか？　前へ、前へと思考を進める小説論。
205522-3

ほ-12-14
小説、世界の奏でる音楽 保坂和志
小説は、人を遠くまで連れてゆく——。書き手の境地を読者のなかに再現する、十篇の小説論という小説。「最良の読者を信じて」書かれた小説論、完結編。
205709-8

ほ-12-10
書きあぐねている人のための小説入門 保坂和志
小説を書くために本当に必要なことは？　実作者が教える、必ず書けるようになる小説作法。執筆の裏側を見せる「創作ノート」を追加した増補決定版。
204991-8